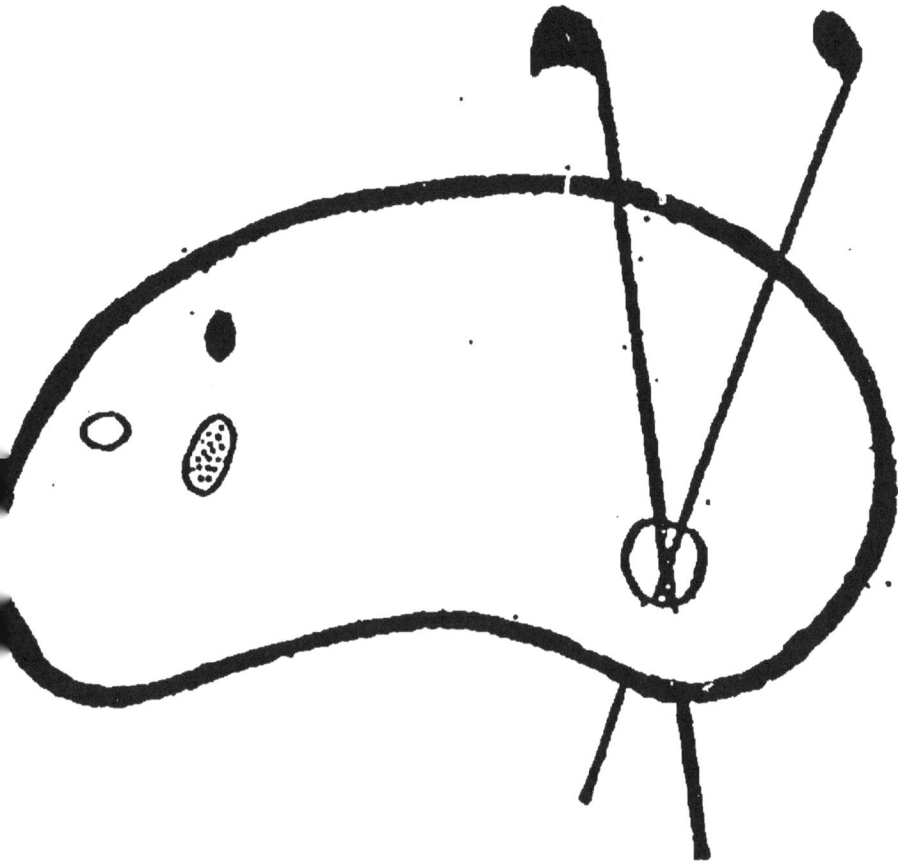

DEBUT D'UNE SERIE DE DOCUMENTS
EN COULEUR

ORACLE

DE

SATAN

1 FRANC 50

Envoi franco contre mandat ou timbres
à Henri SIMON, à Cambrai.

OUVRAGE DÉPOSÉ

A NOS LECTEURS

Désirant donner une grande popularité à cet ouvrage, il nous sera très agréable de recevoir de nos lecteurs, soit d'autres questions ou réponses modifiées, que nous insérerons avec plaisir.

En dédommagement, nous adresserons gratuitement deux volumes avec les modifications.

Pour consulter l'Oracle, on jette trois dés à jouer, et le chiffre formé de l'addition des trois nombres donnés est celui de la réponse.

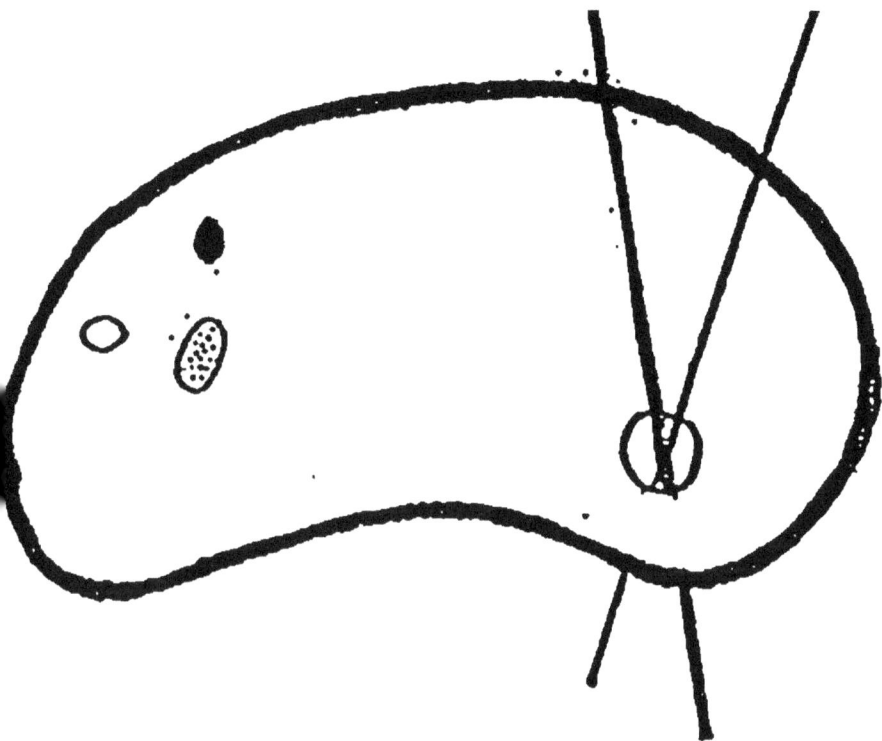

FIN D'UNE SERIE DE DOCUMENTS
EN COULEUR

M'épouse-t-il pour mes monacos ?

3. Oui, tu peux en être certaine.

4. Pauvre il t'aimerait autant.

5. Dame ! ça permet tant de choses !

6. Il les fera sauter dur et ferme...

7. En récompense tu auras du bâton.

8. Sans argent, pas de mari.

9. Avec ton nez pointu qui te voudrait sans picaillons?

10. Oui, mais malgré cela vous serez heureux.

11. Oui, et il espère que tu mourras bientôt.

12. Avec ton argent il ira en voir d'autres.

13. Qui ? tu peux te fouiller pour un mari.

14. Oui, et vous les claquerez ensemble.

15. Non ! mille fois non.

16. Il a en qualités ce que tu as en argent.

17. Ne te l'a-t-on pas assez dit ?

18. Fait-on d'autres mariages à présent ?

1

Dois-je écouter mon amant ?

3. Oui, mille fois oui.

4. Non, car il te trompe.

5. Oui, aime-le bien ; il le mérite.

6. A toi, il préfère une gentille couturière.

7. Oh ! Adore cet homme !

8. Il dit t'aimer ; mais il ment.

9. Sois fière d'être à son bras.

10. Quel rêve pour toi un si beau mari !

11. A toutes les femmes, il crie amour.

12. Tu es si bête !

13. Non, il adore une cuisinière et une modiste.

14. Ecoute-moi plutôt.

15. Non, c'est un abruti.

16. Il est trop vieux ; tu comprends que.....

17. Oui, quand il sera caporal-pompier.

18. Oui, quand il parle d'aller au bois.

Trouverai-je un mari ?

---

3. Oui, mais quand tu seras déjà vieille.
4. Il n'en est pas d'assez bête pour te choisir.
5. Saurais-tu seulement soigner tes mioches ?
6. Pense plutôt à aller à Charenton.
7. Tu en auras plutôt quatre qu'un.
8. Oui, si tu veux d'un bossu.
9. Un roux qui sentira bien mauvais.
10. Un balayeur des rues.
11. Un qui t'en fera voir de tristes.
12. Un qui mourra trois jours après ton mariage.
13. Un vieux veuf.
14. Un joueur d'orgue de Barbarie.
15. Un que tu feras cocu à ton aise.
16. Un buveur d'absinthe.
17. Un qui puera de partout.
18. Un qui aura divorcé trois fois.

Mon futur est-il foireux?

---

3. Tu n'en mérites pas d'autre.
4. Oui, et tes enfants le seront aussi.
5. Il emplira la fosse tous les jours.
6. Jour et nuit.
7. Autant que toi.
8. Que ça en perce son pantalon.
9. Il dégage une odeur malsaine.
10. Un autre ne voudrait pas de toi.
11. Tu l'es plus que lui.
12. Il usera 4 kilos de papier par jour.
13. Que tout le monde s'en bouchera le nez.
14. Il faudra lui mettre un bouchon.....
15. Il y en a jusque dans ses bottes.
16. Il est la fortune du vidangeur.
17. Tu auras une belle corvée à le débarbouiller.
18. Tous deux vous remplirez tous les vases.

Où mourrai-je?

3. Sur la fosse d'aisance.
4. A Bicêtre.
5. Dans les bras d'un officier.
6. Chez moi et comme une sainte, hum !
7. Sur un tas de fumier.
8. Sur l'échafaud.
9. Dans une bicoque.
10. A Charenton.
11. N'importe où, mais crève de suite.
12. En chemin de fer.
13. Dans cette boîte-ci.
14. Entre trois sacristains.
15. Dans mes bras.
16. Sur la voie publique.
17. Sur la route de la Nouvelle-Calédonie.
18. Dans mon lit et près de moi.

Deviendrai-je ivrognesse?

---

3. Tu peux y compter.
4. Tu as bien débuté.
5. Tu boiras un litre de genièvre par jour.
6. Ton adjudant te le fera devenir.
7. Tu bois assez quand on ne te voit pas.
8. Tu l'es déjà bien.
9. Non, car tu es trop sage.
10. Mille fois, tu coucheras au violon.
11. Tu ne désoûleras jamais.
12. Oui, et ta sœur aussi.
13. Comme ton voisin de droite.
14. Ça ne se demande pas.
15. Tu es trop parfaite pour cela.
16. Ça tient de famille.
17. Oui, et tes enfants aussi.
18. Tu as toujours le bec salé.

Est-il sérieux?

---

3. Il dit l'être, mensonge !
4. Oui, c'est vrai.
5. Pas plus que toi.
6. Surtout quand il ment.
7. A son âge on ne l'est pas.
8. Tu es assez bête pour le croire.
9. C'est un chenapan.
10 Aucun homme ne l'est.
11. Oui, et son cœur est noble.
12. Comme une porte de prison.
13. Oui, et même de trop.
14. Crois tout ce qu'il dit.
15. Il ment comme un charlatan.
16. Ton cœur le croit, écoute-le.
17. C'est un arracheur de dents.
18. Il ne dit que des blagues.

Qu'est-ce que l'amour?

---

3. La plus belle des choses.
4. La plus grande des folies.
5. Il n'existe que de nom.
6. Le bonheur.
7. Ce qui fera ton malheur.
8. Avec moi c'est sublime.
9. Ne sois pas assez bête pour y croire.
10. C'est, oh ! je ne te dis que ça.
11. Avec celui qu'on aime c'est le bonheur.
12. Tu sais ce que c'est, vieille coquine.
13. C'est le soleil d'un ménage.
14. C'est un bonheur qui disparaît bien vite.
15. La joie tant que l'on n'est pas mariée.
16. Superbe si tu aimes tous les hommes.
17. La braise au foyer.
18. C'est souvent la polissonnerie.

Quel doit être mon rêve?

———

3. N'en ait jamais.
4. De prendre le premier qui se présentera.
5. De rester fille.
6. Les folles seules en font.
7. De faire des folies pour celui que tu aimes.
8. D'avoir des lavements chauds et froids.
9. D'être courtisée par un cuirassier.
10. D'aimer, aimer, toujours aimer.
11. D'être veuve cinq fois.
12. D'avoir dix-sept enfants.
13. D'épouser un vieux grognard.
14. D'aller à Charenton.
15. Celui que tu fais souvent.
16. Demande-le à ton voisin.
17. De raffoler des hommes.
18. De te faire enlever.

Quelle profession aura mon mari ?

---

3 Aucune, car il n'est bon à rien.

4. Fabricant de guillotines pour belles-mères.

5. Vidangeur et tu mangeras sa marchandise.

6. Fabricant de seringues dont tu seras la canule.

7. Il fera des cercueils et te mettra dedans.

8. Ramoneur de cheminées.

9. Maçon, il te prendra pour une brique.

10. Sapeur-pompier, il t'offrira son tuyau.

11. Fabricant de jalape, foireuse.

12. Fabricant d'eau-de-vie, et il boira tout.

13. Rempailleur de chaises...

14. Saltimbanque, il t'exposera comme bête curieuse.

15. Marchand de moules.

16. Entrepreneur du nettoyage des lieux d'aisance.

17. Charcutier, il te vendra comme andouille.

18. Faïencier, il te vendra comme cruche.

Quel sera mon avenir?

———

3. Tu crèveras bientôt.
4. Tous les jours tu iras au violon.
5. Te saouler avec le premier venu.
6. De bonheur.
7. Amoureuse jusqu'à cent ans.
8. D'aller en savates percées.
9. A représenter la femme guenon.
10. Entreteneuse de water closet.
11. Tu le sauras trop tôt.
12. Poissarde aux halles de Paris.
13. Marchande de morue aussi desséchée que toi.
14. Je ne saurais te le dire.
15. Ne crains rien, il sera beau.
16. De coucher en compagnie de sapeurs.
17. Celui d'un vieux baudet.
18. Ne faudrait-il pas te promettre la fortune; hein?

Où est le bonheur ?

3. Ne cours pas après.
4. Il suffit de croire le posséder.
5. Il ne se rencontre pas ici-bas.
6. Dans mes bras.
7. Tu l'as perdu et ne peux plus en avoir.
8. Il est sourd à tous les accents.
9. Près de moi.
10. Avec ton voisin.
11. Tous courent après, mais inutilement.
12. Partout où tu es.
13. Dans la folie, car on croit à tout.
14. Dans la famille.
15. Dans l'ivresse.
16. En raffolant des hommes.
17. En ta position présente.
18. Aux lieux quand tu as la colique.

Que faire pour qu'il m'aime?

———

3. En semblant ne pàs t'occuper de lui.
4. L'envoyer promener.
5. Lui prouver que tu l'aimes sincèrement.
6. Lui offrir du gras de lard.
7. L'embrasser très souvent.
8. Lui payer une portion de tripes.
9. L'emmener dans les bois.
10. Lui offrir souvent le café.
11. Faire de l'œil aux autres.
12. Lui dire que tu rêves souvent de lui.
13. Lui dire que tes parents n'en veulent pas.
14. Lui cracher au visage.
15. Lui gratter les jambes.
16. Refuser ses rendez-vous.
17. Ne plus l'embrasser.
18. Vouloir tout ce qu'il voudra.

Epouserai-je celui que j'aime ?

---

3. Non, car sous peu il déménagera.
4. Oui, car il est refusé de toutes.
5. Oh ! oui, car vous vous adorez.
6. Non, il n'est pas si bête.
7. Oui, mais vous ne serez pas heureux.
8. Si tu sais t'y prendre.
9. Non, car tes parents ne le veulent pas.
10. Oui, et tu seras heureuse.
11. Oui, mais tu seras bientôt veuve.
12. Que ferait-il de toi ?
13. Oui, et tu auras quinze enfants.
14. Oui, et tu en épouseras bien d'autres.
15. Quelle meilleure créature pourrait-il choisir?
16. Non, car il craint que tu le fasses cocu.
17. Oh ! ne crains rien.
18 Tu coucheras avec, mais ne l'épouseras point.

Serai-je heureuse avec lui?

---

3. Oui, si tu aimes la trique.
4. Oui, si tu le laisses boire à sa guise.
5. Comme tu le serais avec d'autres.
6. Oui, si tu le laisses courir les bobonnes.
7. Oui, la plus heureuse des mères.
8. Non, et ce sera de ta faute.
9. Oui, et sept enfants compléteront ton bonheur.
10. Heureuse! mille fois heureuse.
11. Non, il te battra tous les jours.
12. Oui, il ne cessera jamais de t'adorer.
13. Sur ton dos il cassera tout le mobilier.
14. Si tu le trompes.
15. Tu le canuleras de trop.
16. Oui, si tu l'aimes autant qu'il t'aime.
17. Surtout si tu es amoureuse.
18. Oui, si tu lui fais des traits.

Aurai-je des enfants?

---

3. Tu ne sais faire que ça.
4. N'y en a-t-il pas un de fait?
5. Trois douzaines.
6. Onze qui auront toujours la foire.
7. Deux filles, une bancale et une borgne.
8. Cinq que tu aimeras comme ton mari.
9. Trouveras-tu seulement un mari?
10. Un qui sera nasier.
11. Tu feras ton possible, mais...
12. Oui, et ce sera le soleil de ton ménage.
13. Saurais-tu les déberner?
14. Tu en auras un cette nuit.
15. Marie-toi d'abord et tu verras...
16. Sept dont tu seras fière.
17. Oui, si tu as recours au voisin.
18. Une nichée de lapins.

Que suis-je ?

---

3. Le trésor d'un mari.
4. Une bonne foireuse.
5. Une amoureuse d'officier.
6. Une seringue avec canule.
7. Aimable, jolie et spirituelle.
8. Une vraie buse.
9. Le rêve de ton voisin.
10. Une gaillarde à faire dormir debout.
11. Celle que l'on doit envier.
12. Oh la la ! on le sait bien.
13. Une bonne à tout faire.
14. Une licheuse de genièvre.
15. Demande-le à ta mère.
16. La sans rivale, hum ! hum !
17. L'union de toutes les bonnes qualités.
18. La plus aderable des femmes.

Mon dernier rêve sera-t-il véritable?

3 Es-tu assez bête pour y croire.

4 Oui, mille fois oui.

5. Non, et ce sera ton bonheur.

6. Ne rêvais-tu pas que tu étais au violon ?

7. Les rêves que tu as faits sont ceux d'une folle.

8. Oui, si tu as rêvé que tu étais à Chaillot.

9. Ta caboche est fêlée.

10. Oui, et ce sera ton bonheur.

11. Crois-y et ça ne te fera pas de mal.

12. Ne faudrait-il pas que l'on t'enlève ?

13. Oui, si tu le veux.

14. Ce serait du propre.

15. Crois-tu que ça te rendrait heureuse ?

16. Non, il est trop bête.

17. Oui, si dans ce dernier tu devenais ivrognesse.

18. Qui dit songe dit mensonge.

Ferai-je un bon voyage?

3. A quoi cela te servirait-il?
4. Oui, jusqu'au bois voisin.
5. On transporte tout.
6. Oui, et tu perdras ton reste.
7. Non, car on n'a besoin de toi nulle part.
8. Oui, et en ballon.
9. Non, tu resteras toujours dans ta turne.
10. Oui, et à Armentières.
11. Les buses voyagent donc?
12. Entre deux gendarmes.
13. Oui, et ce sera ton bonheur.
14. Non, car les sous te manqueront.
15. En rêve, oui.
16. Avec celui que tu aimes.
17. Oui, pour te guérir du choléra.
18. Dans la lune, et tu y perdras ton faux-cul.

Quelle est ma vocation?

/

3. Piqueuse en tuyaux de pipes.

4. Exploiter les mines de cocufornie.

5. Marchande de marée pour gueuler.

6. Religieuse, oh ! la la.

7. Tu es trop bête pour en avoir.

8. Inspectrice des fosses communes.

9. Tireuse de cartes.

10 Vidangeuse.

11. Marchande de peaux de lapin.

12. Chercher les trous dans la lune.

13. Donneuse de lavements.

14. Concierge.

15. Extirpeuse de cors aux pieds.

16. Nettoyeuse de fonds de culotte.

17. L'exploitation des maquereaux.

18. Rempailleuse de chaises percées.

Ferai-je un héritage?

3. Trois paires de bottes de ton ancien gendarme.
4. Un petit seulement.
5. Treize sous dont deux mauvais.
6. Tu peux te fouiller si tu as des poches.
7. Compte là-dessus, ma vieille.
8. Non, mais tu seras heureuse.
9. 20 millions... de promesses.
10. Oui, et ce sera ton malheur.
11. Oui, et d'un de tes anciens...
12. Non, malheureusement.
13. Oui, et tu feras du bien aux pauvres.
14. Tu peux te gratter dur et ferme.
15. Si tu en faisais, quelle noce, mes amis?
16. L'argent ne fait pas le bonheur.
17. Que te ferait la richesse?
18. Ne vas-tu pas avoir un enfant?

Ferai-je fortune?

---

3. N'y compte point.
4. Non, si tu es toujours aussi flâneuse.
5. Oui, si tu épouses celui que tu aimes.
6. En désinfectant les bottes de facteurs.
7. Si tu voyages dans la lune.
8. Elle ne te rendrait pas heureuse.
9. Si tu vends du fromage puant.
10. Ton officier t'en empêchera.
11. Si tu sais couper toutes les mauvaises langues.
12. Non, tu es trop bornée.
13. A quoi cela te servirait-il ?
14. Si tu as beaucoup d'amoureux.
15. Tu feras trop de gosses pour cela.
16. Tu mangeras tout le bénéfice de ton commerce.
17. Oui, et tes mioches t'y aideront.
18. Tu as trop mauvaise conduite...

Dois-je envier les honneurs?

----

3. Envie d'être reine de la toquade.
4. Tu es assez bête pour cela ; attrape.
5. Non, car ils te rendraient bégueule.
6. L'honneur d'être fort amoureuse, oui.
7. Ils ne sont enviés que des folles et tu l'es.
8. Prends garde d'eux.
9. Ça, pour te faire cajoler.
10. Oui, car tu es ambitieuse.
11. L'honneur d'être mère ; oui.
12. Pour qu'en arrière on t'appelle guenon.
13. L'honneur d'être fidèle à ton mari.
14. Quiconque envie ne vit pas.
15. L'honneur d'être aimée de tous ; ah ! voilà.
16. La gloire est une chimère.
17. Celui d'être chaude jusqu'à cent ans.
18. N'envie que l'honneur de ta famille.

Ai-je une rivale?

---

3. Plutôt cent qu'une.
4. Oh ! ne le crains pas.
5. Non, car il t'aime sincèrement.
6. Toutes les femmes en ont.
7. Oui, et c'est une rouleuse.
8. Non, il t'adore... pour le moment.
9. Non, car aucune autre n'en veut.
10. L'épicière d'à côté.
11. Deux, une cuisinière et une nourrice.
12. Ne le crois pas, ça ne fait pas de mal.
13. Lui-même ne saurait t'en dire le nombre.
14. Pas plus qu'il n'en a par toi.
15. Ta voisine en ce moment.
16. Non, tu es son rêve et sa vie.
17. Une seule, mais elle est sérieuse.
18. Oui, et avec tes menaces il ira la voir.

Suis-je jolie?

3. Oh ! la la ; tu es affreuse.
4. Tu es une mal fichue.
5. Oui, mais il t'aimerait si tu ne l'étais pas.
6. Le nez moins long tu passerais.
7. Tes pieds sont de vraies barques.
8. De cœur et d'âme.
9. Pour les aveugles ; oui.
10. Tu as le nez trop en trompette.
11. Aimable ! oh ! que je suis galant !
12. Tes mains sont trop crochues.
13. Comme un ange ; supprimez le g.
14. Il n'y a pas plus affreuse que toi.
15. Ravissante : je suis flatteur.
16. Regarde-toi dans la glace : quelle trombine !
17. On dit oui pour te plaire.
18. Si tu étais seule sur terre peut-être.

Divorcerai-je?

3. Plus d'une fois.
4. Oui, et tu ne retrouveras plus de mari.
5. C'est certain.
6. Oui, pour prendre un manchot.
7. Forcément, car tu auras fait des tiennes.
8. Oui, et ton mari sera bien débarrassé.
9. Avec un bedeau pour prendre un pompier.
-10. Cela t'ira si bien, cochonne.
11. A volonté.
12. Oui, si tu continues comme tu le fais.
13. Toi et ton mari êtes trop sages pour cela.
14. Tu ne trouveras même pas à te marier.
15. Ne te faut-il pas plusieurs maris.
16. Pour épouser ton voisin et le faire cocu.
17. Six mois après ton mariage.
18. Le changement te plaît tant !

Dois-je être méchante ?

---

3. Ne l'es-tu pas assez ?
4. Oui, et mords-le.
5. Non, car au fond il est bon.
6. Calotte-le dur et ferme.
7. Avec lequel ?
8. Jamais la nuit, tu sais.....
9. Tue-le que je le remplace.
10. Sois sans pitié pour lui.
11. Mieux vaut être bonne.
12. Tu ne le seras jamais assez.
13. Gare : il te démolirait la carcasse.
14. Sois un bourreau.
15. Ses péchés ne sont pas bien grands.
16. Roue-le de coups.
17. Pardonne-le, car il t'aime tendrement.
18. S'il ne veut pas coucher avec toi, oui.

A-t-il bon cœur?

———

3. Oui, et tout le monde le sait.
4. C'est un brigand.
5. Le meilleur qu'il soit possible de trouver.
6. Un très grand, comprends-tu?
7. Oh! le meilleur entre tous.
8. Il a trompé et trompera encore.
9. Aussi bon que le tien.
10. Un de pierre... il est donc solide.
11. N'en doute pas, et tout ira bien.
12. C'est un coquin... comme toi.
13. Aime-le, il est bon comme l'andouille.
14. A le cuire en civet.
15. Un cœur d'or; Azim, Boum boum.
16. Couci, couça.
17. Oui, et tu seras heureuse en le faisant cocu.
18. Dix-sept filles l'ont cru.

Connaît-on mon secret?

---

3. Heureusement que non.
4. Oui, et on on chuchotte.
5. Non, mais confie-le à celui que tu aimes.
6. Dieu et le Diable le savent.
7. Ce serait du propre.
8. Que tu l'as laissé au bois? oui.
9. Un ami le dévoilera.
10. Toi seule doit le garder.
11. Quand on le saura, je ne te dis que ça.
12. La nuit de tes noces, quelqu'un le saura.
13. L'affaire du lieutenant?
14. Ne le confie... qu'à moi.
15. Nul n'y pourrait croire.
16. Demain, la sage-femme le connaîtra.
17. Tous le savent, mais se taisent.
18. Que tu vas accoucher; oui...

Dois-je rechercher un vieux riche ?

3 Oui, mais fort vieux ; tu comprends ?

4 Si jeune renoncer à l'amour !

5. Oh non ! ton cœur s'y refuse.

6. Est-ce ainsi que tu vois le bonheur?

7. Oui, si tu veux le tromper.

8. Si tu n'as ni cœur ni âme ; oui :

9. L'argent est ta folie, iais tout pour lui.

10. Si tu es à vendre ; oui :

11. Ta coquetterie t'y fera décider.

12. Les brillants flatteront mais le cœur sera triste.

13. Il faut aimer pour vivre.

14. La fortune s'engloutit, mais aimer vous ravit.

15. Si c'est la ton rêve, c'est triste.

16. Prends garde ; tu aurais des remords.

17. Si tu veux le malheur, oui :

18. L'or peut-il créer le bonheur ?

M'est-il fidèle?

3. Quand il est près de toi.
4. Demande-lui où il était la nuit dernière.
5. Le jour seulement.
6. Crois-y, ça ne fait pas de mal.
7. C'est un abruti.
8. Oh ! il la connait pour le paraître.
9. La nuit de ses noces, il couchera loin de toi.
10. Comme toi, petite cochonne.
11. Ne connais-tu pas ses relations avec Fifine?
12. Crois à la fidélité, ma vieille.
13. Es-tu assez bête d'y croire.
14. Oui, quand il n'est pas avec Nastasie.
15. Tu es sotte d'y croire.
16. Moi, je le suis davantage.
17. Prends ton voisin en ce moment, et il le sera.
18. Comme je le suis ? hum ! hum !

Dois-je accepter ses rendez-vous?

3. Celui de ce soir.
4. Oui, car tu en séras contente.
5. Gare ! pas de folies, hein ?
6. Oui, car il t'aime sérieusement.
7. Tu en as bien accepté d'autres.
8. Oui, mais ne vas pas au bois.
9. Si c'est la nuit, oui.
10. Si tu l'aimes, ne lui refuse rien.
11. Vas, tu ne demandes pas mieux.
12. Ta mère en a bien eu.
13. Tu serais la seule à n'en pas avoir.
14. Ecoute les conseils de ton cœur.
15. Les hommes sont trompeurs ; gare !
16. Oui, mais ne l'emmène pas coucher.
17. Non, il t'aimera d'autant plus.
18. Oui, et fais-y deux mioches.

Le mariage, est-ce le bonheur?

---

3. Pour quelques jours, oui.
4. Avec une bossue rigolotte, oui.
5. Oui, si tu épouses celui que tu aimes.
6. Pas avec toi.
7. Oui, si l'on a des enfants.
8. A la condition d'avoir des amants.
9. D'un jour.
10. C'est l'enfer; mieux vaut le bagne.
11. Je ne sais trop :
12. Ta mère le regrette bien.
13. Oui, s'il n'y a pas de coups de canif.
14. La première nuit, oh! oui.
15. Oui, si tu ne trompes pas ton mari.
16. Avec lui, adieu l'amour.
17. Oui, si l'on divorce cinq fois.
18. C'est le plus grand, quand l'on s'aime.

Comment sera mon mari?

---

3 Un borgne qui perdra l'autre œil.

4 Aussi beau que toi,

5 Un fameux coureur.

6 Aussi bête que grand.

7 Grand ivrogne.

8. Un type à être cocu.

9. Superbe.

10. Le plus parfait de tous.

11. Il aura 50 centimètres de haut.

12. Il aura 5 pieds 6 pouces.

13. Aussi joli que moi.

14. Tu n'en trouveras pas.

15. Tout, tout petit.

16. Aussi laid que toi.

17. Comme tu rêves de l'avoir.

18. Cul-de-jatte.

Dois-je écouter ma mère?

---

3. Pour ne jamais te marier, oui :
4. Elle t'en dirait de belles.
5. Oui, si elle dit avec toi.
6. Tu es assez vieille pour te passer de conseils.
7. Elle divague toujours.
8. N'est-il pas trop tard, hein?
9. Oui, si elle est aveugle et muette.
10. Dis zut à tous.
11. Oui, si elle te conseille d'aller au bois.
12. A-t-elle écouté la sienne ?
13. Es-tu folle ; voyons?
14. Pourquoi pas ta grand'mère ?
15. Les conseilleurs font rarement le bonheur.
16. Oui, si tu veux rester fille.
17. Non, car elle te rendrait folle.
18. Maintenant que le malheur est fait, oui.

Devrai-je obéir à ma belle-mère ?

———

3. Oui, si tu veux la guerre.
4. Un an après, ce serait le divorce : gare !
5. Jette-la plutôt à l'eau.
6. Coupe-lui le cou, si elle t'ennuie.
7. Obéir à cette race-là ?
8. Oui, si elle veut couper sa langue.
9. C'est le choléra du ménage.
10. Oui, si elle te donne toujours raison.
11. Oh ! c'te corvée...
12. Plutôt au diable.
13. Pends-toi plutôt.
14. Oui, si elle te demande la botte au derrière...
15. Tu es assez bête pour cela.
16. Oui, pour qu'elle te flanque des râclées.
17. Ton ménage serait un enfer.
18. Ferme-lui la porte au nez.

Dois-je préférer un soldat à un civil ?

3. Un général vieux grognard.

4. Peu importe s'il est un bon coq.

5. Le soldat a un sabre, et troum de l'air ; gare !

6. Prends un officier et écoute son ordonnance.

7. Mets-les tous deux à l'épreuve.

8. Tu sais ce que vaut la culotte rouge.

9. Tu n'as pas assez de monacos pour un officier.

10. Prends un infirmier.

11. Que dis-tu de ton ancien adjudant ?

12. Prends le civil et fais-le cornard avec l'officier.

13. Ne te marie pas, et rigole avec les deux.

14. Un sapeur bien chaud fera ton affaire.

15. Prends un pompier sachant manier le tuyau.

16. Dans le lit ne sont-ils pas les mêmes ?

17. N'as-tu pas déjà goûté des deux ?

18. Dès lors que c'est un homme, peu importe.

Serai-je maudite ?

3. Tu l'es déjà.
4. Par ton amant le capucin.
5. Quand tu te foutras une cuite.
6. Par un bataillon de jésuites.
7. On se moque pas mal de toi.
8. Tu seras plutôt adorée.
9. Par ton amant que tu trompes.
10. Oh ! non, ma petite poulette.
11. Non, tu seras toujours aimée.
12. Par un gendarme.
13. Par ton mari prêt à fermer ses quinquets.
14. Par ceux n'ayant pas obtenu tes faveurs.
15. Par tous, petite polissonne.
16. La malédiction n'est pas pour toi.
17. Oui, et même par le diable.
18. Il n'y a pas de danger.

Que dit-on de moi?

——

3. Que si tu continues tu seras soulotte.

4. Que tu ne trouveras pas de mari.

5. Que tu es toquée.

6. Du mal, du mal, toujours du mal.

7. Que pourrait-on dire?

8. Que tu as trop d'amants.

9. Que ton époux sera bien servi.

10. Que tu vaux mieux que ton amant.

11. Que 25 amoureux ne te suffisent pas.

12. Que tu es la perfection même.

13. Beaucoup de choses.

14. Qu'heureux sera celui qui te possédera.

15. Que tu es une canule.

16. On dit beaucoup de bien.

17. Que tu as de mauvais penchants.

18. Que tu es une charmante fille.

Lequel dois-je épouser ?

---

3. Le bossu auquel tu souris toujours.

4. Le roux qui te pince les mollets.

5. Celui que ton cœur te conseille.

6. Un aveugle pour qu'il ne voie pas tes défauts.

7. Tu le sais bien.

8. Le bancal qui te fait toujours de l'œil.

9. Celui pour lequel tu saurais mourir.

10. Le premier qui se présentera, n'importe...

11. Le vieux gendarme retraité.

12. Ton voisin en ce moment.

13. Celui que ta mère te conseille.

14. Celui que ton cœur refuse.

15. Tous les hommes se valent.

16. Celui auquel tu donnes des rendez-vous.

17. Celui qui fait battre ton cœur.

18. Essaie-les tous.

Que dois-je entreprendre?

---

3. Aux femmes l'art de tromper.
4. Commerce des moules dont tu seras le modèle.
5. Professeur de flâne.
6. Tout te réussira.
7. Aux hommes l'art d'être moins bêtes.
8. Tu ne saurais rien diriger.
9. La débauche des curés.
10. Le nettoyage des derrières embarbouillés.
11. Le commerce des morues, vieille desséchée.
12. Une baraque de saltimbanque.
13. L'enlèvement subtil des cors aux pieds.
14. La vidange dont tu as l'odeur.
15. Le négoce des harengs salés.
16. La poêlerie, tu te vendras comme buse.
17. Fabrique de seringues dont tu es le modèle.
18. La taille des barbes, tu serviras de rasoir.

Quelle sera ma vieillesse ?

————.

3. Ravaudeuse.
4. A l'hospice.
5. Celle que tu n'oses rêver.
6. Tu vas déménager.
7. Elle s'écoulera dans la débauche.
8. De bonheur.
9. De joie, grâce à tes dix-huit mioches.
10. Je n'ose le dire.
11. Tu te nourriras de pain sec.
12. La plus belle que l'on puisse envier.
13. Tu passeras tes nuits au violon.
14. Pleine de satisfactions.
15. A Bicêtre tu la termineras.
16. Ton amant te la rendra cruelle.
17. Tu seras balayeuse des rues.
18. Heureuse, entourée de tes amants tous fidèles.

Suis-je gentille?

3. Oh ! mince alors !

4. Coupe-toi le nez, ça ira.

5. Si tu l'es, toutes le sont.

6. Es-tu assez bête pour le croire.

7. On te le dit par politesse.

8. Oh ! oui, va !

9. A moitié, et encore.

10. A croquer; hum! hum !

11. Pour te dire la vérité, eh bien, non.

12. Gracieuse et bien faite.

13. Bonne et spirituelle.

14. Au bras de ton mitron.

15. Tu la fais, mais par hypocrisie.

16. Tu ressembles à un singe.

17. Pour les aveugles peut-être.

18. Ceux qui te le disent se moquent de toi.

Suis-je bête ?

3. Ça se voit.

4. Que veux-tu, ainsi l'on t'a faite.

5. Ça ne se demande pas.

6. Ta demande prouve que tu l'es.

7. Prends à l'avance ton billet pour Poissy.

8. Les ânes ne sont rien auprès de toi.

9. On te le dit assez.

10 En douterais-tu ?

11. Oh non ! mon ange.

12. Comme une cruche.

13. Bien au contraire.

14. A manger du foin.

15. Tout le monde le dit, c'est faux.

16. Sois-en certaine.

17. Tous dans ta famille le sont.

18. Demande-le à ta mère.

Que vaux-je?

---

3. Ce que vaut une mauvaise pièce.

4. Ton pesant d'or.

5. Pas un liard.

6. Le monde entier ne te vaut pas.

7. Pas les quatre fers d'un cheval.

8. On n'évalue pas un trésor inconnu.

9. Ce que vaut un petit âne.

10. Ton poids en diamants.

11. Pas la peau d'un chien.

12. Autant que moi.

13. Le prix d'un hareng saur.

14. Tu mérites d'être reine.

15. Pas une aune de boudin.

16. Rien.

17. Ta valeur ne peut se calculer.

18. Oh! tous les trésors de la terre.

Ai-je l'air bête ?

3. Oh ! ma foi, oui.
4. Tout comme moi.
5. Tout comme ta sœur.
6. L'air et la chanson.
7. Tu as une tête de mulet.
8. Tu n'en as pas que l'air.
9. Oh ! non, ma mignonne.
10. Oui, et ton amant aussi.
11. Ça tient de famille.
12. Non, mille fois non.
13. Comme ton voisin d'à présent.
14. A te voir on t'enverrait à Charenton.
15. Ça ne se voit guère.
16. On te le dit tous les jours.
17. En douterais-tu ?
18. Les ânes ont l'air moins bête que toi.

Ma figure lui plaît-elle ?

---

3. Es-tu bête de le croire.

4. Oh! grand Dieu, non.

5. Oui, car il n'est guère difficile.

6. Il dit oui, mais ne le pense pas.

7. Oh! oui, mille fois oui.

8. Prends ta glace et juge...

9. Il faudrait qu'il n'ait pas de goût.

10. Il est charmé de ta personne.

11. Tes picaillons seuls lui plaisent.

12. Tout en toi le charme.

13. Sorcière, ne le crois pas.

14. Il dit oui à toutes.

15. Elle le ravit.

16. Il la trouve bien drôle.

17. Oh! vieille guenon.

18. Il t'appelle déesse de son cœur.

Suis-je courageuse?

3. Avoue que tu ne l'es guère.
4. Quand il n'y a rien à faire.
5. Une heure par jour.
6. Jour et nuit.
7. Malheur! pour te lever à 10 heures du matin.
8. Tu fais semblant de l'être.
9. Non.
10. Tu le seras forcément dans ta vieillesse.
11. Comme l'est ta mère.
12. Tu bâilles du matin au soir.
13. Va te coucher, ça te va mieux.
14. Mais on sait bien que non.
15. Pour boire, oui.
16. Tu ne l'as jamais été.
17. A la promenade, oui.
18. Oui, mon ange adoré.

Est-il courageux?

3. C'est un rossard.

4. Il ne cesse de boire.

5. Manger et dormir, voilà à quoi il est bon.

6. En écrevisse il va au travail.

7. Il ne connaît pas de repos.

8. C'est un paresseux.

9. Tout le monde admire son courage.

10. En paroles, oui.

11. Comme une couleuvre.

12. Il est aussi ivrogne que paresseux.

13. C'est un martyr du travail.

14. Aveugle! le croirais-tu?

15. Pour lui la fatigue n'existe que de nom.

16. Le courage lui fait défaut.

17. Il est l'emblème du courage.

18. En se levant il est esquinté.

Suis-je gourmande ?

3. Tu le demandes?

4. Oh ! non, belle enfant.

5. Mille brioches ne te font pas peur.

6. Autant que buveuse.

7. Oh ! tu n'as pas ce défaut.

8. Aussi gourmande que méchante.

9. Nul ne t'accuse de cela.

10. De tout, fin bec.

11. Oh ! tu n'as pas de passions.

12. De café, d'eau-de-vie et de petits pâtés.

13. Autant que ton merlan.

14. De tarte seulement.

15. D'amoureux, beaucoup.

16. Au point que tu manges de tout.

17. Que tu mangerais de la vidange.

18. De la chuche seulement.

Quel sera mon plus grand malheur?

3. D'avoir le nez rouge à force de boire.
4. Tu ne saurais en avoir.
5. De perdre un bras en sauvant ton pompier.
6. Une dysenterie qui ne cessera qu'avec toi.
7. On te coupera la langue, vieille bavarde.
8. De n'avoir plus d'amoureux.
9. Un pied qui remuera et l'autre qui n'ira plus.
10. De ne plus pouvoir aller au pot.
11. Le bout du nez coupé.
12. Un rhumatisme à la langue.
13. Tu deviendras laide comme une guenon.
14. De ne plus pouvoir... tu sais quoi.
15. De n'avoir plus de sous pour te cuiter.
16. De coiffer sainte Catherine.
17. De perdre ton amant préféré.
18. Ne crains rien, ma chérie.

Est-il colère?

———

3. Comme l'était son père.
4. Comme Barbe-Bleue.
5. Comme un diable.
6. Oui, et bête aussi.
7. Il tapera dur sa moitié.
8. Son esprit le met au-dessus de la colère.
9. Autant que paresseux.
10. Il est la perfection.
11. Oui, sois en certaine.
12. Ne crains point cela.
13. Oui, et bien fort.
14. Autant que toi.
15. Méfie-toi, car il l'est.
16. Il te battra comme plâtre.
17. Il connaît la trique.
18. Non, mille fois non.

Quelle sera ma première joie ?

---

3. Quand tu feras des bêtises.
4. Tu le sauras demain.
5. Quand tu iras au bois avec ton sapeur.
6. Le jour de la mort de ton oncle.
7. Quand il t'embrassera.
8. Quand il te caressera partout.
9. Quand il te dira : Je t'aime.
10. A ton premier rendez-vous.
11. Lorsque tu seras son épouse.
12. A ta première folie.
13. La nuit de tes noces.
14. N'en espère pas, il te trompe.
15. Quand il te demandera en mariage.
16. Quand tu coucheras avec lui.
17. Quand tu t'évanouiras dans ses bras.
18. A ton premier né.

Quelle sera ma première folie ?

---

3. Consulte ta mère.

4. Celle qu'a commise ta sœur.

5. Ton départ pour Charenton te l'indiquera.

6. Le jour que tu iras à ses rendez-vous.

7. Le jour que tu te marieras.

8. Hier tu as fait la première.

9. Après elle tu ne t'arrêteras plus d'en faire.

10 Tu le sais bien, coquine.

11. Jamais tu n'en feras.

12. Quand tu l'embrasseras.

13. Quand tu iras au bois avec lui.

14. En sortant d'un bal, tu oublieras tout.

15. Quand tu cèderas à l'amour de ton Paul.

16. Quand un homme te plaira.

17. Quand tu épouseras le vieux veuf ton voisin.

18. Hélas ! elle est loin, ta première.

Qu'est-ce qu'un homme ?

---

3. Ne le sais-tu pas mieux que moi.

4. Une drôle de bête, va!

5. Couche avec, et tu m'en diras des nouvelles.

6. Demande-le à tes compagnes.

7. C'est le diable en pantalon.

8. L'objet de tes rêves.

9. C'est moins bon que deux.

10. Tu as le temps de le savoir.

11. Un être très galant dans le lit.

12. Vas voir un conseil de révision.

13. Une noble créature lorsqu'il est amoureux.

14. Demande-le à ton confesseur.

15. L'être le plus polisson de la terre.

16. Ce qu'il y a de mieux.

17. Fais-moi un coup d'œil, je te l'apprendrai.

18. C'est bien facile à savoir, ma petite.

Sait-il que je l'adore ?

---

3. Non.

4. Je te conseille de le lui dire.

5. Ne lui as-tu pas dit assez.

6. Oh! malheureusement non.

7. Il le sait et s'en moque.

8. Oui, et il te le rend bien.

9. Non, et il souffre du doute.

10. Il le sait et en est heureux.

11. Il l'ignore et ne s'en porte pas plus mal.

12. Oui, et il en est ravi.

13. C'est un gredin, il se moque d'être aimé.

14. Oh ! oui, et tu es son rêve.

15. Qui le lui aurait dit?

16. Il sait aussi que tu en adores d'autres.

17. Tu ne l'adores que pour sa galette.

18. Demain il le saura.

Qu'ai-je à craindre ?

3. Une foire extraordinaire
4. Mon amour.
5. Le mépris d'un pompier.
6. Ne crains rien, mon adorée.
7. Mon infidélité
8. La honte de ta conduite.
9. L'adoration d'un infirmier.
10 La calomnie du monde.
11. Les lavements de ton infirmier.
12. Les baisers de ton amant.
13. Un évanouissement en allant au bois avec lui.
14. Que je ne t'aime jamais.
15. Les caresses d'Arthur.
16. L'amour d'un curé.
17. De devenir trop amoureuse.
18. De mourir vieille fille.

Sait-il que j'ai eu des amants?

---

3. Il ne l'ignore pas.

4. Heureusement que non.

5. Il le sait et s'en moque.

6. En serait-il plus avancé?

7. Oui, et il ne s'en porte pas plus mal.

8. Il y a toujours des mauvaises langues.

9. On le lui a dit, en exagérant.

10. Il en connaît le nombre.

11. Tu aurais bien de la veine qu'il ne le sache pas.

12. Oui, vieille sorcière.

13. On le lui a dit, et il en souffre.

14. Dernièrement, n'en a-t-il pas eu la preuve?

15. Oui, sois en certaine.

16. Non, car l'amour est aveugle.

17. Et même que tu as eu un gosse.

18. Et bien d'autres choses avec.

Dois-je le tromper ?

3. Oui, et carrément.
4. Oh ! non, mon amour.
5. Quelle bêtise !
6. Tu n'as pas besoin de conseil.
7. Oh ! tu ne le saurais pas.
8. Tu ne peux faire autrement.
9. Oui, et avec 36.
10. Non, car il te délaisserait.
11. Tu aimes tant le changement.
12. Toutes les femmes ne trompent-elles pas.
13. Oui, car il est assez bête pour ne pas le voir.
14. Avec moi.
15. Ne le fais-tu pas déjà ?
16. Avec le premier venu.
17. Nuit et jour.
18. Il te rendra la pareille.

Mariée devrais-je écouter les propos de mon voisin?

---

  3. Tu ne demanderais pas mieux.

  4. Ce serait tout ordinaire.

  5. Oui, si ton mari te trompe.

  6. Même de tes voisins.

  7. Ça ne te fera pas mal.

  8. S'il est amoureux, oui.

  9. Oui, car ton mari en contéra aux voisines.

10. Demande-le à ta mère.

11. Et faire la noce avec.

12. S'il est célibataire, oui.

13. Demande-le à ton mari.

14. Tu ne saurais t'en empêcher.

15. Oui, et tu en seras bien contente.

16. Oui, s'il parle de t'enlever.

17. Les miens seulement.

18. Fais-lui tes offres, petite cochonne.

Où passerai-je la première nuit de mes noces?

---

3. Ici, et avec moi.

4. A Paris avec ton vieux grognard.

5. N'importe où tu seras heureuse.

6. Peu t'importe si tu es avec lui.

7. Dans les champs.

8. Dans cette maison-ci.

9. Dans un wagon, ton train déraillera.

10. Entre moi et lui.

11. Dans le paradis, comprends-tu?

12. Dans un beau petit nid.

13. Au fond d'un bocage.

14. Au ciel, puisqu'il verra ta lune.

15. Si tu l'aimes, partout tu seras bien.

16. Dans une chaumière où tu seras heureuse.

17. Sous le ciel d'Espagne.

18. A Bicêtre; aussitôt mariée tu deviendras folle.

La nuit de mes noces quel sera celui qui se mettra au lit le premier?

3. Lui, car il sera mort-ivre.

4. Toi, car tu seras pressée.

5. Vous y sauterez ensemble.

6. Vous coucherez sur le tapis.

7. Tu ne trouveras pas de mari.

8. Toi, petite polissonne.

9. Ton mari, tant il est amoureux.

10. Ensemble, et le lit en cassera.

11. Toi, mais tu voudras souffler la chandelle.

12. Toi, pour savoir ce que c'est.

13. Tous les deux au pas gymnastique.

14. Toi, en faisant la pirouette.

15. Ensemble, tant vous serez fous d'amour.

16. Lui, et toi après en fermant les yeux.

17. Ce sera ton vieux.

18. Toi, et sans chemise.

Serai-je grand'mère ?

---

3. De 25 singes.

4. Tu peux te fouiller.

5. Oui, mon ange.

6. Et une drôle encore.

7. A lunettes.

8. Oui, mais tu seras un triste tableau.

9. Non, car nul ne voudrait de toi.

10. Oui, et une vieille bobèche.

11. Inutile de le demander, tu vas crever.

12. Non, car tu défends à Louis de t'en faire un.

13. Oui, si tu m'écoutes.

14. Oui, mais ton mari sera-il vraiment grand-père ?

15. Fais tout ton possible.

16. Par ton emplâtre de fils.

17. Par ton andouille de fille.

18. Tu as assez travaillé pour cela.

Que penserai-je le lendemain de mes noces?

---

3. Tu te trouveras mal partie.
4. Tu seras ravie.
5. Tu trouveras qu'un homme c'est bien peu.
6. Tu regretteras d'avoir attendu si longtemps.
7. Tu te diras : C'est bon d'avoir un mari.
8. Tu te croiras au ciel.
9. Tu diras qu'il n'y a rien de si doux.
10. A dire adieu à ta fleur d'oranger.
11. Tu voudras recommencer de suite.
12. Tu paraîtras folle, tant tu seras joyeuse.
13. Au divorce.
14. Que le mariage c'est le paradis.
15. Tu seras enchantée.
16. Ne sais-tu pas ce que c'est?
17. Que c'est drôle un orang-outang.
18. Qu'il faut être bête pour rester fille.

Pleuvra-t-il le jour de mes noces?

---

3. N'en doute pas.
4. Sois sans crainte.
5. Le soleil sera aussi visible que ta lune le soir.
6 Des pièces de cent sous.
7. Que les marchands de parapluies feront fortune.
8. Le ciel sera serein,... serine.
9. Oui, et tu diras : Allons tous nous coucher... maligne.
10. Le ciel sera radieux.
11. Ce sera le déluge.
12. Autant que de petits verres dans ton gosier.
13. Il fera un temps splendide.
14. La nature sera en fête et moi aussi.
15. Des baisers sur ton front.
16. Il n'y aura d'inondations qu'au dîner.
17. Je ne t'engage pas à boire tout ce qui tombera.
18. Des coups de trique sur ton dos.

5

Reviendra-t-il ?

3. Pour te flanquer une prune.

4. Pour te demander en mariage.

5. Pour te brûler la cervelle.

6. Z'a Pâques, zou à la Trinité.

7. Oui, pour coucher avec toi.

8. Ne l'appelles-tu pas assez.

9. Demain matin.

10. Oui, et il te verra avec l'autre.

11. Il sait tout, ne le souhaite donc pas.

12. Pour te triquer le derrière.

13. Oui, pour t'enlever à Paris.

14. Oui, et il sera surpris de ta grossesse.

15. Non, car il n'en pince plus pour toi.

16. Oui, au pas gymnastique.

17. Oui, et de joie dans ses bras tu t'évanouiras.

18. Oui, et ce jour-là tu le feras papa.

Se vengerait-il si je le trompais ?

---

3. Tu n'en vaux pas la peine...
4. Il est trop bête pour cela.
5. Non, si c'était avec moi.
6. Il te trompe bien.
7. Non, mais il en attraperait la jaunisse.
8. Il te pardonnerait... pour une fois.
9. Il te couperait la langue qui est bien mauvaise.
10. Il te casserait tes deux dernières dents.
11. Il te pardonnerait, mais tu recommencerais.
12. Non, car il sait que ça rend veinard.
13. Oui, en faisant une noce de quinze jours.
14. Il n'en finirait pas.
15. Oui, en en faisant autant.
16. Oui, mais il en souffrirait.
17. Non, si c'était avec un curé.
18. Il sait que tu le trompes depuis longtemps.

Mon mari sera-t-il bête?

3. Au point que tu le feras cocu.
4. Comme cent baudets.
5. Pour te prendre, il faudra qu'il le soit.
6. Comme nous tous.
7. Ne revient-il pas de Charenton.
8. Il fera bâiller tout le monde.
9. Autant que toi.
10. Comme ta sœur.
11. Comme un âne.
12. Vous êtes bien assortis pour la bêtise.
13. Tu l'es trop pour t'en apercevoir.
14. Tout le monde sait bien que oui.
15. Il le verra bien quand tu accoucheras à 3 mois.
16. Non, mais tu le feras devenir.
17. Autant que tous tes anciens.
18. Autant que moi.

Morte, serai-je regrettée ?

3. Les ânes le sont parfois.
4. Par ton ancien lieutenant.
5. Par ceux qui te vendaient du genièvre.
6. Moi j'ai pleuré mon serin.
7. Par ton vidangeur! vieille foireuse.
8. De ton mari que tu as fait cocu.
9. Non, car tu laisseras des monacos.
10. On versera bien des larmes et du vin.
11. On dira que tu en as fait assez pour crever.
12. On fera des rigodons, oui...
13. Tous tes amants pleureront.
14. Paraît qu'on pleure de joie.
15. Peut-on pleurer des melons?
16. Il sera usé 700 douzaines de mouchoirs; crois-y...
17. Ta belle-mère seule pleurera... de joie...
18. Ton mari dira : Quelle veine, mes amis, quelle veine!

Que fera-t-il pendant ses vingt-huit jours ?

---

3. Il s'ennuira de n'être pas près de la voisine.
4. Comme toi, beaucoup d'enfants.
5. Je n'ose le dire.
6. Il courtisera la cantinière.
7. Il rigolera d'être loin de toi.
8. Il pensera à toi et à d'autres.
9. Si bien qu'il en attrapera 28 de rabiot.
10. Il ira au bois avec son ancienne...
11. Il ira souvent à la salle de police.
12. Il apprendra les armes pour t'enfiler.
13. Te croyant morte il remerciera Dieu.
14. On le mettra au bloc pour que l'adjudant aille le voir
15. Il se fera traiter de melon.
16. Rien que de s'abrutir.
17. Il paiera toujours la goutte au sergent.
18. Il pensera que le divorce doit être douce chose.

Que ferai-je pendant ses vingt-huit jours?

---

3. Tu seras sage en paroles.
4. Tu en feras de belles.
5. Tu feras de l'œil à ton voisin.
6. Cocu à volonté.
7. Tu ne t'en passeras toujours pas.
8. Tu débarbouilleras tes mioches.
9. Tu le tromperas avec le premier venu.
10. Tu feras du propre et du sale.
11. Des baisers à tes anciens.
12. Tu béniras Dieu de son absence.
13. Cinquante-six amants.
14. Tu accoucheras de ton septième.
15. Tu le suivras aux manœuvres.
16. Ah! malheur; qui ne le sait.
17. Tu feras l'exercice... mais lequel...?
13. Tant qu'il demandera le divorce.

Que serai-je à cinquante ans?

---

3. Une vieille bobine.
4. Encore une aimable personne... flatteur, va !
5. Tu n'iras pas jusque là.
6. Une vieille ivrognesse.
7. Une triste caricature.
8. L'adorée de ton curé.
9. Tu vendras des andouilles dont tu seras l'échantillon.
10. La mère de vingt-sept enfants... mal foutus.
11. La maîtresse d'un épicier.
12. Tu en paraîtras cent.
13. Une amoureuse enragée.
14. Mon adorée.
15. Tu auras di   cé trois fois.
16. Une vieille bête sans dents.
17. Une sale cochonne.
18. Tu ressembleras à une vieille truie.

A qui mes enfants ressembleront-ils?

3. A moi, qui te répond.
4. A ton voisin de gauche.
5. Au bedeau de la cathédrale.
6. A leur père...
7. A ton postérieur.
8. Aux singes.
9. Au sous-lieutenant que tu connais.
10. A ton confesseur, petite cochonne.
11. A toi ! Quelles têtes, mes amis...
12. Aux petits cochons.
13. Aux dindes dont ils auront l'instinct.
14. Au plus vieux d'entre nous.
15. Au pompier qui éteint souvent tes feux.
16. A tous ceux qui les auront faits.
17. A leurs trente-six pères.
18. Au curé de ta paroisse.

Que feront mes enfants ?

3. Beaucoup d'enfants.
4. De la fausse monnaie.
5. Deux assassinats.
6. Ils te couperont la tête.
7. Ils feront toujours K K au pot.
8. Rétameurs de cuillères.
9. Ils seront savetiers.
10 Tes filles des grisettes.
11. Ils feront dans leurs culottes.
12. Comme toi, belle Dulcinée.
13. Du propre.
14. Ils te vendront comme andouille.
15. Ce n'est pas à dire.
16. Il faudrait que tu en aies.
17. Toujours pipi au lit.
18. Je n'en sais rien.

Mon amant viendra-t-il?

3. Plus jamais.
4. Demain pour te dire zut.
5. Non, il a assez de toi.
6. Tu peux te fouiller.
7. N'est-il pas ici?
8. A Pâques ou à la Trinité.
9. Ne l'espère pas.
10. Il va venir avec joie...
11. Tantôt.
12. Au pas gymnastique.
13. Oui, car tu le désires.
14. Non, il sera près d'une autre.
15. Oh! oui, mon ange.
16. Ce soir et pour la dernière fois.
17. Oui, car il est fou d'amour.
18. Ce soir, pour coucher avec toi.

Faut-il me laisser embrasser?

3. Oui, et fais bien mieux que ça.

4. Par ton voisin.

5. Oui, mais ferme les yeux.

6. Les baisers sont parfois menteurs.

7. Dur et dur.

8. Jusqu'à tes pieds.

9. Par les pompiers seulement.

10. Ça te fait tant plaisir; hein!

11. Tout partout.

12. Pourquoi pas.

13. Par moi seulement.

14. Un baiser, c'est si doux.

15. Ta mère l'a bien fait.

16. Oh! ne t'en prive pas.

17. Oui, par un jeune homme barbu.

18. Oui, par moi qui te répond.

Dois-je croire à ses serments ?

---

3. Les serments, cela coûte peu.
4. Oh ! la la ! comme à sa fidélité.
5. Crois plutôt au diable.
6. Non, ils sont menteurs.
7. Oh! tu peux y croire...
8. Folle, tu crois à tout.
9. Pourquoi pas?
10. Tu es si bête!...
11. Plutôt qu'à ses blagues.
12. Méfies-t-en.
13. Ils sont faux.
14. Non, mille fois non.
15. Si ta mère te le conseille...
16. Si tu l'aimes, oui.
17. Ça ne te fera pas de mal.
18. Il en fait à toutes.

Pense-t-il à moi ?

---

3. Et à bien d'autres.
4. Il y pensait encore il y a quinze jours.
5. Oui, pour se dire que tu ne vaux pas l'autre.
6. Quand il a la foire...
7. Plutôt à ta compagne d'à présent.
8. Quand il rencontre des dindes.
9. Quand il mange des moules.
10 Pour souhaiter ton déménagement.
11. Quand il n'a rien à faire.
12. Pour se dire quel crampon tu étais.
13. Tous les trente-deux du mois.
14. Oh ! pour ça, tu peux te fouiller.
15. Moins que moi, ma chérie.
16. Quand la bassinoire est dans son lit.
17. Compte la-dessus.
18. Tu es assez bête pour le croire.

Dois-je préférer un grand à un petit ?

———

3. Certains grands sont charmants.
4. Près d'un grand tu aurais l'air trognon.
5. Prends-moi.
6. Prends un nain, tu lui passeras la jambe.
7. Un grand, genre perche ; hein ?
8. Un petit, c'est gentil.
9. Un grand à grandes pattes.
10. Petit, moins d'ouvrage à réparer les culottes.
11. Grand, avec ses cornes il sera géant.
12. Les petits sont plus amoureux.
13. Un petit bossu.
14. N'en as tu pas essayé assez pour savoir quoi ?
15. Ne t'es-tu pas bien trouvée de ton petit ?
16. Peu importe... s'il a ce qu'il faut.
17. Tout est bon dans le lit.
18. Les petits sont plus chauds.

Me marierai-je plusieurs fois?

---

3. Trois fois après deux divorces.
4. Neuf fois.
5. Oui, pour le malheur de beaucoup.
6. Non, malheureusement.
7. Autant que tu le voudras.
8. Tu es assez folle pour cela.
9. Une seule, mais tu auras plusieurs hommes d'occasion
10 Oserais-tu en désirer moins?
11. Tu déménageras avant ton premier mari.
12. Il ne te faut que ça, ma bibiche.
13. Tu seras si amoureuse que tu en feras mourir 4.
14. N'en doutes pas, et tant mieux.
15. Dans deux ans tu te remarieras avec moi.
16. Pas de mariage, soixante amants.
17. Non, mais tu seras ma petite maîtresse.
18. Non, car tu en auras assez la première fois.

Irai-je bientôt à Paris?

---

3. A Charenton avant.
4. Le jour de ton mariage ; donc pas de sitôt.
5. Avec moi, et nous y coucherons à deux.
6. Oh ! que tu serais heureuse que je t'y emmène.
7. A Pâques ou à la Trinité.
8. Pour te faire opérer ta mauvaise langue.
9. Oui, pour figurer au Jardin des Plantes.
10. On transporte tout à présent...
11. N'en reviens pas surtout.
12. Oui, et tu y'feras deux amants.
13. Attends d'avoir un époux.
14. Vas y te faire pincer les mollets...
15. Au 14 juillet prochain.
16. Pour y rejoindre ton amant.
17. Ça ! pour coucher avec un Parisien.
18. Il te manque des monacos pour céla...

Notre brouille durera-t-elle ?

3. Jusqu'à demain.
4. Toujours.
5. Couchez ensemble et la paix sera faite.
6. Jusqu'à ce que vous vous tiriez les cheveux.
7. Fais de l'œil aux autres, il reviendra.
8. Non, je vais tout arranger.
9. Tant que tu n'auras pas renoncé à l'autre.
10. Tant que tu écouteras ta mère.
11. Autant que votre mutuel amour.
12. Vous vous aimez trop pour cela.
13. Laisse-le là, et prends-moi...
14. Non, ma poulette.
15. Tu fais suer ton amant.
16. Avec toi on ne peut avoir la paix.
17. Tant que ta langue remuera.
18. Tant que tu porteras ton gros faux-cul.

Epouserai-je mon amant d'à-présent?

3. Tu peux te fouiller.
4. Non, tu épouseras ton premier.
5. Lequel?
6. Et bien d'autres.
7. Pour divorcer six mois après.
8. Il se moque de toi.
9. Si tu fais un héritage.
10. Oui, et le feras cocu.
11. Parce qu'il n'en trouve pas d'autre.
12. Ne l'as-tu pas assez essayé?
13. Ce qui fera deux andouilles.
14. Ne souhaite-tu pas qu'il crève?
15. C'est lui qui serait volé.
16. Les deux font la paire.
17. Une dinde et un dindon, cela s'unit bien.
18. Pas plus qu'un autre.

Irai-je bientôt au bal?

---

3. A la danse des ours.
4. Pour t'y faire pincer la taille; hein?
5. Oui, et tu danseras avec un divorcé.
6. Et ailleurs.
7. Avec celui que tu aimes.
8. Et tu y laisseras ton pantalon.
9. Avec moi.
10. Oui, et tu t'y feras enlever le ballon.
11. Oui, et personne ne te fera danser.
12. Avec un bancal.
13. Reste chez toi, ça vaudra mieux.
14. Pour y danser la cache-tout-ça.
15. Pense à aller à confesse, plutôt.
16. Pour y trouver un mari, tu peux te fouiller.
17. Pour y secouer tes puces.
18. Oui et au bois après.

Que dois-je lui dire ?

———

3. Qu'il est toute ta pensée.
4. Que ses assiduités t'ennuient.
5. Que tu rêves de lui.
6. Que tu l'aimes bien fort.
7. Qu'il est bête.
8. Que ta mère l'adore.
9. Qu'il est gentil.
10 Qu'il te répugne.
11. Qu'il est ton rêve.
12. Zut.
13. Que tu ne l'épouseras jamais.
14. Que tu veux être sa maîtresse.
15. Ce que ton cœur te conseillera.
16. Même les blagues, il les aime.
17. Qu'une fois mariée tu le feras cocu.
18 Que tu voudrais coucher avec lui.

Quel est le passé de mon amant?

---

3. Il t'en a toujours fait accroire.
4. Il a couru une quantité de nourrices.
5. Il a trompé bien des femmes.
6. Il a toujours été diable.
7. C'est trop sale pour te le dire.
8. Celui de tous les jeunes gens.
9. Parle-lui donc de Louise.
10. Comme le tien.
11. Prends garde, il est marié.
12. Il a eu trois enfants.
13. Il est en secret l'amant de ta compagne.
14. Il a su cacher tous ses vices.
15. Si tu le savais tu lui couperais la tête.
16. Tu n'auras pas à en rougir.
17. Il a enlevé une religieuse.
18. Meilleur que le tien.

Puis-je être fière de l'épouser?

3. Diantre ! oui.

4. Oh ! si tu savais tout.

5. Toutes les femmes en sont jalouses.

6. Il y a bien de quoi.

7. Et ses bâtards !

8. Il ne vaut pas mieux qu'un autre.

9. Un ivrogne ! il y a bien de quoi.

10. Le reste des autres, il y a de quoi.

11. Le plus parfait des hommes.

12. Je te le dirai huit jours après le mariage.

13. S'il veut de toi, danse de joie.

14. Il est bon pour faire un portier.

15. Même d'aller coucher avec lui.

16. Même sans notaire.

17. Que de jaloux tu feras.

18. Lequel de tous tes amants?

Dois-je me payer plusieurs amants?

3. Une douzaine.
4. Fais comme ta sœur.
5. Ça coûte si peu.
6. Oui, s'ils sont mariés.
7. Mieux vaut trop que pas assez.
8. Au point d'en mourir.
9. Oui, mais des vieux roux.
10. Six vieux divorcés.
11. Neuf sapeurs.
12. Prends moi.
13. Le changement a ses charmes.
14. Toutes les femmes en ont.
15. Ton cœur ne s'y refuse-t-il pas?
16. Oui, s'ils sont riches.
17. Un, le monsieur qui est en face de toi.
18. Qui voudrait de toi?

A quel âge mourrai-je?

---

3. Après demain.
4. Les ânes vont parfois à 40 ans.
5. A 50 ans, après en avoir fait de belles.
6. A 65 ans, après avoir fait ton mari cocu 107 fois.
7. Je ne sais, mais que ce soit de suite.
8. A 35 ans, enfermée à Charenton.
9. A 45 ans, dans les bras d'un gendarme.
10. A 62 ans, asphyxiée en cirant les bottes de ton facteur.
11. A 49 ans, d'un cancer sur ta mauvaise langue.
12. Tu as la tête trop dure pour mourir.
13. Bientôt, car le diable a ton signalement.
14. Sous peu, et compte d'être rôtie dans les enfers.
15. Ton amant souhaite que ce soit demain.
16. Tu seras assassinée cette nuit.
17. Certaines girafes vivent longtemps.
18. Je n'ose te le dire.

Me marierai-je bientôt?

3. Cela dépend de toi.
4. Dans cinq ans.
5. Tu coifferas sainte Catherine.
6. A l'âge d'être grand'mère.
7. Oui, et le divorce trois semaines après.
8. Cela dépendra de ta mère.
9. Sous trois semaines.
10. Ta sœur avant toi.
11. Aux prochaines cerises.
12. Ton amant hésitera longtemps.
13. Sais-tu seulement lequel tu veux ?
14. Quand tu auras des monacos.
15. Tu es trop mauvaise langue.
16. Avec un curé qui t'aura enlevée.
17. Tu auras deux gosses avant.
18. Quand tu prendras la lune avec tes dents.

Irai-je bientôt à la noce ?

---

3. Dans quinze jours.
4. A la tienne.
5. A celle d'une amie.
6. Croyant que c'est la tienne, tu coucheras avec ton cavalier.
7. A celle de ta cousine.
8. A celle de la personne qui est à gauche.
9. A la mienne.
10. Pour y bassiner les gens.
11. Pour y prendre une pistache truffée.
12. A celle de deux veufs.
13. Pour y flûter, hein ?
14. Oui, mais tu n'y trouveras pas de mari.
15. A celle de ton amant.
16. Tu y bouloteras pour quinze jours.
17. Mets du poivre dans tes vêtements.
18. Oui, et tu y trouveras un mari.

Me pardonnerait-on si je me laissais enlever ?

---

3. On en serait jaloux.
4. Oui, car tu l'aimes tant.
5. On aurait pitié pour le gosse.
6. On te féliciterait.
7. Oui, si c'était par moi.
8. Laisse-toi enlever et ne reviens plus.
9. Une vieille comme toi, on en rirait.
10. Faut-il tout de même que tu désires un homme!
11. Oui, si c'était par un curé.
12. Non, si c'était par deux amants.
13. Oui, si c'était par l'adoré de ton cœur.
14. Qui voudrait avoir cette corvée ?
15. On ne le saura même pas...
16. Ta mère l'a bien fait.
17. Tu l'as déjà été.
18. Tu t'en moquerais pas mal.

Mon mari me trompe-t-il ?

3. Avec toutes les roulures.

4. Que tes cornes iront au ciel.

5. Avec tes voisines.

6. Tu sais bien qu'il ne le peut pas.

7. Tu peux en être certaine.

8. Avec ma femme.

9. Avec ta bonne.

10. Autant que toi.

11. Avec une actrice.

12. Y a-t-il d'autres maris?

13. Avec une jeune veuve.

14. Comme il l'a déjà fait.

15. Il le fait déjà.

16. Tu ne peux lui suffire.

17. Oui, mais quand il sera vieux.

13. Lui, n'aura jamais que deux oreilles.

Dois-je le bouder ?

---

3. A quoi cela t'avancerait-il ?
4. S'il continuait son train, oui.
5. Tu as une tête à ça.
6. Et le calotter.
7. Couche plutôt avec.
8. Il pourrait te laisser en plan.
9. Parce qu'il n'a pas voulu t'emmener coucher.
10. Prends garde ! il pourrait ne plus revenir.
11. Ah ! il le mérite bien.
12. Seulement au bois.
13. Il est trop tard...
14. Oui, mais il en fera autant.
15. Pendant quelques jours.
16. Et l'envoyer paître.
17. Et l'envoyer près de sa portière.
18. Et lui dire que tu le fais cocu.

Quel est l'art de se faire aimer des hommes?

3. D'être coquette.
4. Tout est bon.
5. De leur en faire croire.
6. En leur disant : Je t'aime.
7. Aux pleurs, les hommes se brûlent.
8. En faisant semblant de se moquer d'eux.
9. Les mouches ne vont pas au vinaigre.
10 Méfie-toi ; les hommes sont canailles.
11. En leur parlant divorce.
12. En leur disant : Viens-tu coucher?
13. En leur caressant le menton.
14. En les chatouillant partout.
15. Dire qu'il est votre premier amour.
16. En remuant toujours les jambes.
17. En les prenant dans tes bras.
18. En leur donnant rendez-vous.

Aurai-je bientôt la colique?

———

3. Que tu rempliras les lieux.
4. Et des vomissements avec.
5. Et autre chose aussi.
6. Même sans prendre de jalap...
7. Demain pour sûr.
8. Achètes quarante kilos de papier.
9. Que tu en éclateras.
10. D'avoir mangé des prunes.
11. Tu iras aux fosses au pas de course.
12. Ça se sentira à 6 kilomètres.
13. La nuit de tes noces.
14. Tu auras du K K jusqu'au menton.
15. Le jour de ton mariage, dans l'église tout partira.
16. Tu peux en être certaine.
17. Dans cinq minutes.
18. Si souvent que tu en crèveras.

Suis-je trop jeune pour me marier?

3 Dans deux ans.

4. Attends à l'année prochaine.

5. Tu es assez vieille comme ça.

6. Oh! tu es en âge.

7. L'âge n'est pas dans la nature.

8. Même pour divorcer.

9. Tu es en état d'être mère.

10. Serre-toi le nez, il en sortira encore du lait.

11. Marie-toi le plus tôt possible.

12. Demande le à ta mère.

13. Tu connais assez l'exercice du mariage.

14. Consulte ton cœur seulement.

15. N'attends pas davantage.

16. Vite, vite, vite, tu brûles.

17. Ah! tu sens bien que non.

18. Tu peux même prendre une brigade de gendarmes.

7

Est-il trop vieux pour moi ?

---

3. De beaucoup.

4. Surtout pas assez chaud.

5. De six mois.

6. Oh ! vous êtes bien d'âge.

7. Tu l'as pris comme ça...

8. Oui, et trop froid.

9. Prends plutôt un jeune bien nerveux...

10 Est-il usé ?

11. Et trop ramoli.

12. Il existe de bons vieux, ma vieille.

13. D'âge oui, mais d'amour, non.

14. Oui, car plus tard tu languirais.

15. Il sera plus longtemps amoureux que toi.

16. Prends-moi.

17. Vive un homme tout frais.

18. Oui, car il te faut de bons morceaux.

Serais-je amoureuse fort vieille ?

———

3. Une vraie courtisane.
4. Il te faudra toujours des amants.
5. Oh ! tu le sais bien.
6. Même à cent ans.
7. Dans quinze jours tu ne le seras plus.
8. C'est certain.
9. Ça en sera honteux.
10. Qu'on en aura jamais vu de pareille.
11. Surtout de curés.
12. Même en mourant.
13. Tu auras bientôt assez des hommes.
14. Tu t'en feras mourir.
15. Oui, et de vieux culotteurs de pipes.
16. Non, car tu seras toujours patraque.
17. Même quand tu auras les cheveux blancs.
18. Toujours et de moi.

Que dois-je faire pour lui plaire ?

3. Le faire cocu.
4. Lui payer la goutte.
5. Laisser là ton faux-cul.
6. Renoncer à l'autre.
7. Aller coucher avec.
8. Toujours l'embrasser sur le bec.
9. Faire dans ton pantalon.
10. Faire ton possible pour avoir des enfants.
11. Le mordre partout.
12. Toujours vouloir aller coucher.
13. Toujours le prendre dans tes bras.
14. Lui caresser le menton.
15. Etre bonne ménagère.
16. Lui montrer ta pleine lune.
17. Autre chose que K K au lit.
18. Va ; il est trop grincheux c't'animal.

Quels sont les devoirs d'une femme?

---

3. Se faire enlever par moi.

4. D'être toujours amoureuse.

5. Vouloir toujours se mettre au lit.

6. De propager la graine de cocu.

7. De ne vouloir qu'un homme à la fois.

8. Faire de l'œil aux voisins.

9. Chercher des hommes de feu.

10. Cela se devine, mais ne s'apprend pas.

11. Tu le sais bien, ma vieille.

12. Être fidèle à son dernier amant.

13. Penser au rendez-vous du lendemain.

14. Aller au bois avec son Adonis.

15. De ne pas se faire de bile.

16. De ne pas critiquer les voisins.

17. Baisser les yeux quand un curé passe.

18. Ne pas croire son confesseur.

Dois-je me laisser emmener au bois?

———

3. Tu en reviendrais bien endommagée.

4. Oui, si tu l'aimes vraiment.

5. Tu peux-y passer.

6. Y allant à deux, vous reviendrez trois.

7. Quelles pirouettes tu y feras ; mon Dieu !

8. Ça pour te glisser sous les buissons.

9. Gare à l'enlèvement de ton dernier jupon.

10. Tu y laisseras ton pantalon.

11. En en revenant, tu seras folle de joie...

12. C'est là que tu pourras dire : Ça y est !

13. Même s'il gèle tu y seras en feu.

14. Gare ! le frottement, c'est la chaleur.

15. Ton petit chat courra grand risque...

16. Oui, et neuf mois après que de min, min, min

17. Six fois par jour.

18. Que de fois, hélas ! tu les as parcourus.

Mon amant est-il lunatique?

---

 3. Autant que toi.

 4. Pas du tout.

 5. Son grand amour pour toi le rend ainsi.

 6. Demande-le à Eugénie.

 7. Autant que ta lune est grosse.

 8. Oui, mais ça se passera étant marié.

 9. Trop souvent.

10. Autant qu'infidèle.

11. C'est toi qui le rend ainsi.

12. Tous les hommes le sont, sauf moi.

13. Tous les amants ont une lune.

14. Seulement au lit.

15. Un autre ne voudrait pas de toi.

16. Ne lui as-tu pas fait voir la tienne assez souvent.

17. Envoie-le à Chaillot.

18. Tu n'en mérites pas d'autres.

Qu'a fait mon amant la nuit dernière?

---

3. Il tenait sa maîtresse dans ses bras.

4. Il embrassait une bobonne.

5. Il se flanquait une cuite.

6. Il n'a cesser de rêver de toi. (C'te blague !)

7. Il a chanté, tant il était joyeux.

8. Il rêvait au bonheur que tu lui réserves (Hum !)

9. Comme toi il est allé à un rendez-vous.

10. Ce n'est pas à dire.

11. Il pensait à t'envoyer au diable.

12. Il rêvait divorce.

13. Il rêvait de ses anciennes.

14. Mieux que toi.

15. Tu le sais, puisqu'il était auprès de toi.

16. Il rêvait que le diable t'enlevait.

17. Il a fait pipi au lit.

18. Il a fait 2,000 kilos de K K au pot.

Devons-nous aller coucher?

———

3. Il est grand temps.
4. Non, continue à boire.
5. Oui, si tu y vas seule.
6. Ah ! si tu étais mariée, tu y volerais.
7. Oui, car il est chaud en ce moment.
8. Oui, tu as assez bu.
9. Tu en as bien le temps.
10. Avec ton amant seulement.
11. Non, car ton mari n'est pas prêt.
12. Avec moi ! Oh oui !
13. Non, tu pisserais au lit.
14. Vas-y, tu seras si heureuse.
15. Ce soir, ton mari ne se sent pas.
16. Oui, petite cochonne.
17. Vois donc l'heure qu'il est.
18. Emmène avec toi celui qui te répond.

Quel cadeau lui serait agréable?

<hr />

3. Un litre de genièvre.
4. Un petit cochon. '
5. Ton portrait, vu de derrière.
6. Rien, ton cœur lui suffit.
7. Tout ce qui viendra de toi lui plaira.
8. Ton portrait, — il est si beau !
9. Ton faux-cul.
10 Un vase de nuit avec ton portrait au fond.
11. Une seringue pour que tu serves de canule.
12. Un gosse que tu feras avec lui.
13. Une andouille, il pensera à toi.
14. Envoie trois mots : Je veux bien.
15. Tu n'as pas de monacos pour lui en faire.
16. Une dinde comme toi.
17. Une jarretière et tu la lui mettras.
18. Un caleçon que tu lui essaieras.

Que valent les gens qui sont près de moi?

———

3. Rien.
4. Avoue que ce sont des ânes.
5. Ils sont bien aimables ! Hum !
6. Ce sont de rudes lavements.
7. Ils sont spirituels et spiritueux surtout.
8. Pas plus que toi.
9. Mieux vaut ne rien dire.
10. Du K K d'oie.
11. D'honnêtes gens... on le dit !
12. Des suceurs de genièvre.
13. Malheur ! on le sait bien.
14. Ce sont de rudes farceurs.
15. Tu devrais être fière de coucher avec.
16. Tu ne vois pas leurs têtes donc ?
17. On en parle assez pour le savoir.
18. Je te le dirai demain.

Mon bonheur est-il envié?

———

3. Il n'est pas si fameux.
4 Oh ! oui !
5. Dans huit jours tu divorceras.
6. Par moi qui te répond.
7. Et les coups de trique aussi.
8. Par moi qui t'aime.
9. Par ton ancien.
10. C'est si rare le bonheur.
11. Non, et c'est peut-être heureux.
12. Quel bonheur as-tu ?
13. Tu as donc du bonheur avec ton vieux?
14. Par l'amant que tu régales.
15. Par ceux avec qui tu te saoûles.
16. Tiens ! avoir un mari qui veut bien être cocu...
17. Il y a de quoi.
18. Par toutes tes rivales.

Quels sont les défauts de mon amant?

---

3. Tous ceux que l'on peut avoir.
4. D'être trop amoureux.
5. Vouloir se marier parce que le divorce existe.
6. Il n'en a pas plus que toi.
7. Je n'oserais te les dire.
8. D'avoir mal aux cheveux très souvent.
9. D'aimer à dormir.
10. De vouloir coucher avec toi.
11. D'aimer trop les petites bobonnes.
12. L'amour le rend aveugle.
13. D'être trop rêveur.
14. De t'être infidèle.
15. Comme toi, il aime boire.
16. Trop aimer les belles femmes.
17. Trop aimer le genièvre.
18. Trop aimer le changement.

Quelle toilette mettrais-je pour lui plaire?

3. En négligé, sur une chaise percée.
4. Comme tu es quand on te donne un lavement.
5. En chemise, et même sans.
6. Avec un gros faux-cul.
7. En bonne d'enfants.
8. En vieille grand'mère.
9. Avec beaucoup de falbalas.
10. En jupons très courts.
11. En nourrice à gros tétons.
12. En danseuse pour qu'il voit tout.
13. Le moins de vêtements possible.
14. La toilette d'Ève.
15. Toute nue.
16. En bain de mer, pour qu'il voit les formes.
17. Celle de nuit.
18. Comme quand tu vins au monde.

Cette nuit rêverais-je de lui?

---

3. Oui, tu rêveras qu'il est tout à fait melon.

4. Oh! quel beau rêve! tu serais couchée avec.

5. Comme toujours.

6. Ne rêves-tu pas jour et nuit?

7. Tu rêveras qu'il est dans ton lit.

8. Oui, et à bien d'autres.

9. Que tu te maries avec lui.

10. Tu rêveras qu'il t'enlève.

11. Tu y penses trop pour en rêver.

12. Il est ta toquade.

13. Qu'il te demande en mariage.

14. Que tu es mariée et que tu vas divorcer.

15. Que c'est la nuit de tes noces.

16. Qu'il est près de ton lit et qu'il y monte.

17. Mieux que rêver, tu seras avec.

18. N'est-ce pas ton habitude?

Que ferais-je si la fortune
me souriait?

---

3. Tu me paierais à boire.

4. Le bonheur de tes amants.

5. Tu en deviendrais folle.

6. Tu la claquerais.

7. Tu te paierais des amants.

8. Tout ce qui est bon en toi deviendrait mauvais.

9. Du bien à tous les malheureux... d'amour.

10. Te te griserais jour et nuit.

11. Tu ne saurais plus lequel accepter.

12. Tu resterais couchée jour et nuit.

13. Le bonheur de tes bâtards.

14. Tu deviendrais bégueule.

15. Tu te ruinerais par tes folies.

16. Tu divorcerais d'abord.

17. Tu remplacerais ton vieux par deux jeunes.

18. Tu nous dédaignerais tous.

A-t·il des enfants?

———

3. Trois à Paris.
4. Il n'a pas fait comme toi.
5. Un qui ressemble à un inge.
6. Une nichée.
7. Oui, mais il ignore où ils sont.
8. Deux avec une grisette.
9. Il en a fait assez pour ça.
10. Avec une de tes amies, et cela en secret.
11. Un qui est aux Enfants-Trouvés.
12. Ne vient-il pas de t'en faire un?
13. Un avec une femme mariée.
14. Trois avec une fille de quarante-six ans.
15. Un dont il n'a fait que les oreilles.
16. Il aurait de l'ouvrage à les compter.
17. Il ne saurait en faire.
18. Il en a eu deux avec une nourrice.

8

Que pensent de moi ses parents?

——

3. Rien de bien.
4. Que leur fils est mal parti avec toi.
5. Que tu es charmante.
6. Ils sont fous de t'avoir pour belle-fille.
7. Qu'ils auront du fil à retordre avec toi.
8. Que vous divorcerez, pour sûr !
9. Ils ne veulent pas entendre parler de toi.
10. Ils te croient coquette.
11. Il te disent l'idéal des femmes.
12. Que peut-on penser de toi ?
13. Que vous en faites deux fameux.
14. Ce qu'en pense tout le monde.
15. Rien de bon.
16. Que tu es une rude flaneuse.
17. Que tu feras leur fils cocu.
18. Je n'ose te le dire.

Comment s'appellera mon mari?

3. Adrien, joueur d'orgue.
4. Stanislas, que tu feras cocu.
5. Emile, un grand benêt.
6. Arthur, un ivrogne.
7. Alphonse, un coureur.
8. Octave, un mauvais sujet.
9. Henri, un gaillard bien chaud.
10. Edmond, que tu rosseras dur.
11. Anastase, qui en fera de belles.
12. Joseph, un fainéant.
13. Hector, qui couchera souvent au violon.
14. Jules, qui ne te fera pas d'enfants.
15. Achille, qui te fera treize mioches.
16. François, qui pissera au lit.
17. Léon, qui te donnèra les triques que tu mérites.
18. Tu n'en trouveras pas.

Que ferai-je la nuit de mes noces?

---

3. Ce que toutes les femmes aiment à faire.

4. Tes adieux à l'oranger.

5. Ne t'en doutes-tu pas?

6. Deux enfants.

7. Ce que tu as fait depuis longtemps...

8. Ce qu'une femme aime tant.

9. Ce que ta mère a fait pour te faire...

10. L'ignorerais-tu par hasard?

11. Ce que tu voudras toujours refaire.

12. Tes compagnes le savent.

13. Ce que tu as fait au bois dernièrement.

14. Rien, car tu ne refuses pas...

15. Rien, mais après à volonté.

16. Un enfant que tu adoreras comme ton mari.

17. Tu le perdras si tu l'as encore.

18. Tu voudrais bien savoir quoi?

Que valent les hommes?

3. Le meilleur ne vaut rien.
4. Pas grand'chose, comme les femmes.
5. Hélas! mieux vaut se taire.
6. Il en est peu qui aient grande valeur.
7. Ne les connais-tu pas assez?
8. Pas la peau d'un chien.
9. Beaucoup ou rien du tout.
10. Amoureux, vraiment ils sont bons.
11. Avec toi le meilleur deviendrait mauvais.
12. Ta mère peut te le dire.
13. Quand trois t'auront trompée, tu le sauras.
14. Ils valent ce qu'on les fait valoir.
15. Ils font valoir le bon pour cacher le mauvais.
16. Les batards prouvent ce que valent certains.
17. Il n'y a que moi de parfait.
18. Ton voisin seul vaut quelque chose.

Que valent les femmes?

---

3. Toi seule a de la valeur.

4. Ce qu'en font les hommes.

5. Elles sont la bêtise en personne.

6. Elles ne savent bien qu'une chose; c'est leur Pater.

7. Ce sont de fameuses bavardes.

8. Suivant leur langue.

9. A dire du mal, elles sont toujours prêtes.

10. Je me le demande?

11. Si toutes te ressemblaient, oh! la la!

12. Elles ne savent qu'une chose, boire du café.

13. Elles valent suivant le caractère de leur mari.

14. Silence : nous ne pourrions qu'en dire du mal.

15. Quant à moi, j'en ai bien assez.

16. On les appelle chéries, et autrement aussi.

17. Moins que les ânes.

18. On les caresse, on caresse bien les chiens.

Marié son caractère changera-t-il?

---

3. Diablement.

4. Il deviendra grincheux.

5. Il est si bête !

6. Il sera toujours aimable... avec d'autres.

7. Tu l'empêcheras.

8. Autant que ta taille de forme.

9. Il ne sera jamais plus dégourdi.

10. Tu le rendras si malheureux.

11. Tu le bassineras assez pour cela.

12. Au point que tu divorceras.

13. Ce sera un véritable ours.

14. Oui, si tu le fais cocu.

15. Pour toi seulement.

16. Du tout au tout.

17. Et le tien aussi.

18. Il aura ses raisons pour cela.

Que faire pour retenir mon mari près de moi?

———

3. Faire semblant de lui être indifférente.
4. Il ne demande pas mieux que d'y rester.
5. Toujours lui sauter au cou.
6. Le mordre très souvent.
7. Le rendre malade pour le soigner.
8. Toujours lui chercher chicane.
9. Il n'y aura pas moyen de le retenir.
10. Tu n'en trouveras seulement pas.
11. Tout est bon.
12. Le tromper pour qu'il te surveille de près.
13. Le menacer du divorce.
14. Faire beaucoup d'enfants.
15. Te mettre toujours en chemise.
16. Sembler vouloir l'éloigner.
17. L'endormir sur tes genoux.
18. Le faire cocu.

Dois-je préférer un blond à un brun?

3. Prends en de toutes les couleurs.
4. Les bruns sont plus chauds.
5. Prends un roux.
6. Choisis un albinos.
7. Ah ! tu sais bien ce qu'il te faut.
8. Peu importe, s'il est amoureux.
9. Les cheveux ne sont rien dans l'affaire.
10. Les bruns souvent sont jaloux.
11. Prends un noir à long poils.
12. Prends des deux et juge.
13. Les bruns... je ne te dis que ça.
14. Prends un vieux à cheveux blancs.
15. Peu importe, puisque les cheveux se teignent.
16. Prends-moi; je suis ce qu'il y a de mieux.
17. Rappelle-toi tes amants et dis nous-le.
18. Prends-les tour à tour.

Quel est celui de nous deux qui mourra le premier?

---

3. Lui, en s'en flanquant une cuite.
4. Toi, le jour de ton mariage.
5. Toi, et il sera bien débarrassé.
6. Toi, sous huit jours.
7. Lui, et de chagrin d'être ton mari.
8. Toi, et il en sera content.
9. Lui, et tu en rigoleras.
10. Toi, et pour défiler en enfer tout droit.
11. Lui, et à cent ans.
12. Toi, et il priera Dieu de ne pas te ressusciter.
13. Toi, car tu n'auras jamais de mari.
14. Ton divorcé ou l'autre?
15. Crevez ensemble, sacrebleu !
16. Lui, dans les bras de son ancienne.
17. Toi, c'est certain.
18. Toi, pour avoir bu trop de genièvre.

Se souviendra-t-il de celle qu'il a aimée avant moi?

---

3. Comme de ses premiers cors aux pieds.
4. Toujours, car elle lui fera les yeux doux.
5. Et toi, penseras-tu à tes anciens?
6. Oui, et pour la maudire.
7. Non, si tu ne le fais pas cocu.
8. Il faudrait qu'il soit bien bête.
9. Il se souviendra et te trompera avec.
10. N'a-t-elle pas une trombine distinguée?
11. Laquelle veux-tu dire de ses anciennes?
12. Oui, car elle était plus amoureuse que toi.
13. S'il s'en souvient je te consolerai.
14. Oui, si tu le rends malheureux.
15. Si tu es fort amoureuse, il n'y pensera plus.
16. S'il t'épouse mascotte, il oubliera tout.
17. Il fera bien mieux que se souvenir.
18. Il couchera même souvent avec.

Dois-je écouter la voix de mon cœur?

---

3. Tu en as donc?

4. Oui, si elle te dit d'avoir trois amants.

5. Non, si c'est pour renoncer au mariage.

6. Oui, si c'est pour venir coucher avec moi.

7. Que de fois elle t'a trompée.

8. Ecoute plutôt celle d'Edmond.

9. Oui, si elle t'engage à ne plus faire ton mari cocu.

10. Tu as un cœur d'artichaut.

11. C'est la bonne, ma poulotte.

12. Pourquoi pas?

13. S'il bat pour moi, oui.

14. Je crois que tu es sans.

15. Il t'en conseille de si belles!

16. Elle ne vaut pas mieux que ta langue.

17. La question est trop délicate.

18. Il t'en conseille de trop, le polisson.

Gagnerai-je si je mettais à la loterie?

3. Oui, et que d'heureux tu ferais!
4. On te demanderait en mariage pour tes monacos.
5. Une maladie de chagrin de n'avoir rien gagné.
6. Ton portrait, ce serait une oie.
7. Oui, si tu avais tous les billets.
8. Oui, et ton amant te demanderait de suite en mariage.
9. Gourmande, pour de suite croquer le magot.
10. Tu peux te fouiller.
11. Tu gagnerais une cruche, vieille dinde.
12. Oui, et toute ta famille serait heureuse.
13. La veine n'est pas pour toi.
14. Il faudrait que tu dises bien des prières.
15. Oui, mais tu ne nous parlerais plus.
16. Tu gagnerais une seringue, vieille canule.
17. Oui, et tu épouserais celui que tu aimes.
18. Non, et ce serait heureux, car tu deviendrais folle.

Que vaut celui que j'aime?

———

3. Il mérite d'être diable.
4. Et ses bâtards...
5. C'est un pointu.
6. Oh! la la, parlons-en.
7. Demande-le à Hortense?
8. Vingt crottes de serins.
9. Autant que toi.
10. Un trésor incalculable.
11. Un vrai voyou.
12. C'est une tuile.
13. C'est un crampon et toi aussi.
14. Mieux que toi.
15. Rien, et dis un peu? Quelle tête!
16. Un baudet.
17. C'est un ivrogne.
18. Epouse-le, et gare le balai.

Dois-je épouser celui que j'aime?

3. Et même coucher avec lui.

4. Couche avec avant.

5. Oh! tu serais si heureuse... un mari!

6. C'en est un rude.

7. Et bien d'autres.

8. Lequel aimes-tu?

9. Prends-moi plutôt.

10. Essaie-le d'abord.

11. Il t'adore et te rendra heureuse.

12. Oui, si tu es pour lui être fidèle.

13. Oui, mais tu auras de la trique.

14. Oui, car ton cœur bat déjà fort pour lui.

15. Il est jaloux, tant il t'aime.

16. Ton cœur ne te le dit-il pas?

17. Lorsque tu seras plus vieille.

18 Lorsqu'il sera moins noceur.

Celui que j'aime me ment-il?

---

3. Quand il te dit : Je t'aime !

4. Surtout quand il te promet fidélité.

5. Demande-le à Julia.

6. Quant il te promet le mariage.

7. Non, quand il dit se moquer de toi.

8. Oui, et toi aussi.

9. Il n'a jamais fait que ça.

10. Quand il dit que tu es sa première.

11. Demande-lui où est Arthur, son bâtard.

12. Non, quand il dit vouloir coucher avec toi.

13. Il t'a promis le mariage, il va te laisser en panne

14. Comme un arracheur de dents.

15. Vous êtes bien à deux.

16. Autant que moi.

17. Il te promet des caresses, tu auras du bâton.

18. A chaque mot.

Fera-t-on grande fête à mon mariage?

3. Tes monacos danseront dur.
4. Tous bâilleront.
5. Vingt ans après, on en parlera encore.
6. On n'en aura jamais vu de pareille.
7. Surtout si tu épouses un vieux.
8. Que deux divorcés se réconcilieront.
9. Surtout à table.
10. A minuit, tous seront sous la table.
11. Toute la noce couchera au violon.
12. Par exception, les hommes embrasseront leurs femmes.
13. Un chahut d'enfer.
14. Que ton mari en crèvera.
15. A tout casser.
16. Dans ton lit, oui.
17. Saoûle le soir, tu te tromperas de mari.
18. Et à ta mort aussi.

Un malheur me menace-t-il?

3. Ton amant va t'abandonner.
4. Oui, si tu vas au bois avec lui.
5. Oui, si tu l'écoutes.
6. Non, tant que tu ne seras pas mariée.
7. Oui, si tu es toujours aussi amoureuse,
8. Non, si tu renonces à ton premier.
9. Oui, si tu continues à le tromper.
10. Le feu au pan de ta chemise.
11. Tu perdras ton faux-cul.
12. Le jour où tu te laisseras pincer les mollets.
13. Oui, si tu fermes les yeux quand il t'embrassera.
14. Ta langue va être paralysée.
15. Non, tant que tu n'auras pas fait ça.
16. Au contraire, tu vas hériter.
17. La nuit dernière, n'as-tu pas fait trois enfants?
18. Tu vas avoir le feu partout, partout.

Jouirai-je toujours d'une bonne santé ?

---

3. N'es-tu pas déjà foireuse ?
4. Ta langue devenue mauvaise sera opérée.
5. Oui, car tu ne te fais pas mourir de travail.
6. Tu bois trop pour cela.
7. Tu vas attraper une dysenterie qui sera éternelle.
8. Tu deviendras folle d'amour.
9. Tu en as trop fait, ma vieille !
10. Tu ne tarderas pas à voir l'autre monde.
11. Tu auras un chancre au bout du nez.
12. Tu auras le mal de flâne.
13. Tu deviendras une vraie mère abbesse.
14. Tu auras toujours un bon train de derrière.
15. Il te faudra dix seringues par an....
16. Tu auras une colique éternelle.
17. Demain tu déménageras.
18. Tu ne seras malade qu'à ton trente-septième enfant.

Mon premier enfant sera-t-il bien de mon mari?

———

3. Ce sera d'un bossu.
4. Le premier seulement.
5. Tu n'en seras pas bien certaine.
6. Tu as été trop polissonne pour ça.
7. Il sera de moi.
8. Tu n'ignores pas quel en est le père.
9. Du train que tu y vas, c'est discutable.
10. Ce sera de l'épicier, ton voisin.
11. Oui, mais à ton second mariage seulement.
12. Pas un ne sera de lui.
13. Voudrais-tu que ce fût d'un autre?
14. Tu sais bien que non.
15. J'en doute.
16. Je n'en répondrais pas.
17. Ce sera de ton confesseur.
18. Tu peux en être certaine, tu ne saurais le tromper.

Se souviendra-t-il de moi si je ne l'épouse pas?

3. Le lendemain, il ne se souviendra plus.
4. Il y a bien de quoi.
5. Comme de sa première culotte.
6. Pour se dire qu'il l'a échappé belle.
7. Pendant vingt-six heures.
8. Il se souviendra surtout si tu l'épouses.
9. Oui, et pour en rigoler.
10. Il attendra la crevaison de ton mari.
11. Comme du jour où il vit ta lune.
12. Pour le mal que tu lui as fait.
13. Comme de l'an XII.
14. Comme de son premier bonnet de coton.
15. Il en épousera une bien meilleure que toi.
16. Chaque fois qu'il regardera son serin.
17. Quand il verra la lune, il pensera à la tienne.
18. Comme de son premier caleçon.

Dois-je aimer les voyages?

———————

3. Qu'y gagnerais-tu?

4. Pour Charenton; oui.

5. Avec moi; oui.

6. Tu aurais peut-être plus d'esprit.

7. Les ânes voyagent donc?

8. Tu aimes tant de choses!

9. Autant que ton portier.

10. Avec ton pharmacien dans les bois.

11. Tu ne pourrais qu'y gagner.

12. Avec moi, certainement.

13. Si c'est pour ta santé; oui.

14. Sur la mer pour t'y noyer.

15. Ça te remettrait la cervelle en place.

16. Avec un époux adoré, c'est charmant.

17. En ballon pour qu'on t'enlève le tien.

18. A Bicêtre, le terme de tes voyages.

Dois-je préférer un jeune à un vieux?

-- ---

3. Un jeune, c'est plus amoureux, tu comprends?
4. Un vieux te laisserait languir dans le lit.
5. Si tu avais un assortiment; hein?
6. Certains vieux sont encore, tu sais quoi?
7. Un jeune, tu l'embrasseras si volontiers.
8. Te vois-tu couchée près d'un vieux grognon?
9. Avec un jeune, pense que de fredaines.
10. Avec un vieux riche pour t'en payer trois jeunes.
11. A ton tempérament il faut un homme nerveux.
12. Avec les vieux la glace, les jeunes le feu.
13. Ah! tu sais bien qu'il faut mieux un jeune.
14. Un jeune fera mieux ton bonheur.
15. Un vieux que tu feras cocu avec trente-sept.
16. Un vieux ne pourrait te faire ce que tu aimes tant.
17. Un jeune, car tu voudras toujours être au lit.
18. Le mieux serait d'avoir deux jeunes.

Serai-je pressée d'aller coucher le jour de mon mariage?

3. Cela ne se demande pas.
4. Non, car tu es rassasiée d'amour.
5. Pour faire la gymnastique ; hein ?
6. Non, car depuis longtemps tu sais ce que c'est.
7. Toutes les femmes le sont ce jour-là !
8. Tu pinceras ton mari pour l'y engager.
9. Tu seras si chaude ce jour là ?
10. Non, car ton mari verra que tu n'es plus mascotte.
11. A midi, tu voudras déjà y partir.
12. Avant le soir tu auras déjà fait ça.
13. La première fois on est curieux.
14. Tu t'évanouiras pour que l'on t'y conduise.
15. Que tu n'en mangeras pas.
16. Non, car il va s'apercevoir que tu es enceinte.
17. Oui, si tu te maries avec moi.
18. Ça te démangera tant.

Quels sont mes défauts?

---

   3. Boire quand l'on ne te voit pas.

   4. D'aimer trop le café et les hommes.

   5. Critiquer tes voisines.

   6. Tous ceux imaginables.

   7. Tous ceux qu'il est possible d'avoir.

   8. De ne pas vouloir de mari.

   9. De ne jamais te laver le derrière.

10. De te fourrer les doigts dans...

11. De te débarbouiller rarement.

12. De trop m'aimer.

13. De caresser le menton de ton charcutier.

14. De faire trop l'amour.

15. D'aimer trop l'absinthe.

16. De toujours te plaindre de moi.

17. D'être mauvaise langue.

18. D'aimer à te faire caresser les cuisses.

M'écrira-t-il bientôt?

————

3. Pour t'en conter de belles.
4. Pour te faire ses adieux.
5. Pour te proposer d'aller coucher avec lui.
6. Oui, en te déclarant qu'il sait que tu le fais cocu.
7. Dans six mois.
8. Pour te dire que tu es un crampon.
9. Il n'a plus trois sous pour affranchir la lettre.
10. Pour te demander cent sous.
11. Ça, pour que ton cœur batte la breloque.
12. Pour te demander en mariage.
13. Pour te dire que tu n'es pas assez chaude pour lui.
14. Non, car on lui a dit que tu étais enceinte.
15. La semaine des quatre jeudis.
16. Pour t'annoncer son mariage avec une autre.
17. Sait-il seulement que tu existes encore.
18. Oui, pour te dire qu'il te laisse là avec ses 2 mioches.

Quel est le remède de ma maladie?

---

3. L'amour à bride abattue.
4. Tu es trop usée pour cela.
5. Un jeune homme bien chaud.
6. Passer la nuit avec un bon vieux.
7. Des lavements bien chauds.
8. Donner ton âme au diable.
9. Le mariage.
10 Viens au bois avec moi.
11. Un homme de suite.
12. Un litre de genièvre.
13. Un jeune gaillard nerveux.
14. Venir coucher avec moi.
15. Tu n'en as pas besoin.
16. De te faire faire un gosse par ton voisin.
17. Rien qu'à voir ton amant, tu es guérie.
18. Il te faut faire l'amour souvent et bien fort.

Suis-je bavarde?

3. Autant que moi.
4. Demande-le à tes voisins.
5. Oui, et jalouse.
6. Comme une pie.
7. Et même mieux que ça.
8. Autant que polissonne.
9. Pour mentir, oui.
10. Nous le savons bien tous.
11. Comme ta mère.
12. Nous le sommes tous.
13. Et querelleuse.
14. Comme toutes les femmes.
15. Tu as une mauvaise langue.
16. Oui! oui! oui!
17. Oui, et tu le seras toujours.
18. C'est là ton grand défaut.

TABLE DES QUESTIONS

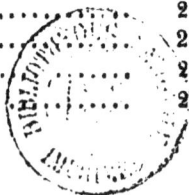

ÉVREUX, IMPRIMERIE DE CHARLES HÉRISSEY.

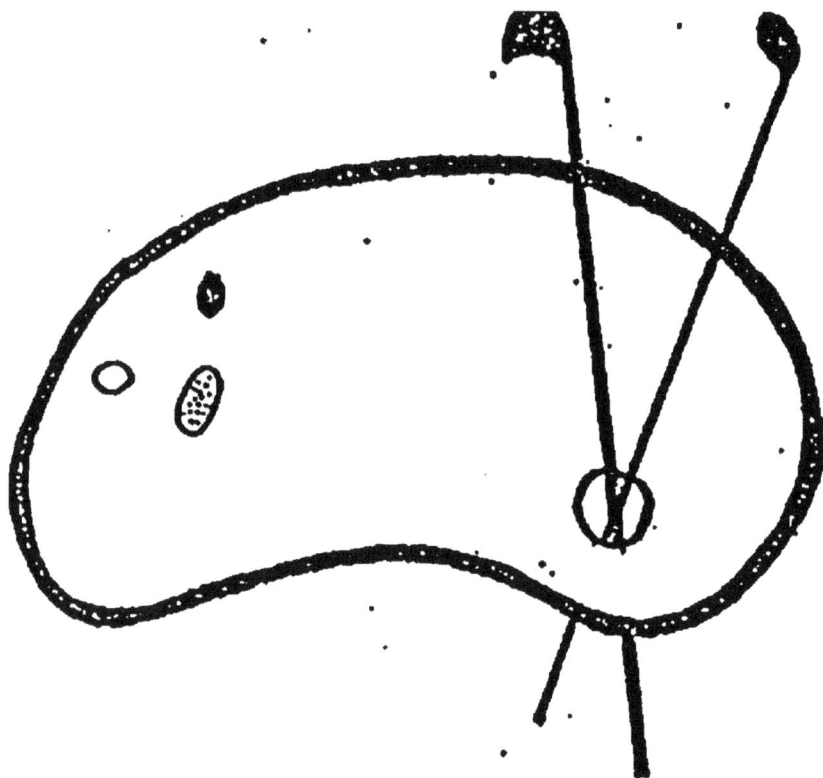

PIPE

HYGIÉNIQUE·INJUTABLE

Rendant le tabac inoffensif sur nos organes

AVEC CETTE PIPE :

Impossibilité complète à la salive d'aller au foyer.

Le tabac se fume à sec, sain, et sans aucune perte.

Le filtre-épureur étant isolé du foyer et du déversoir, il est totalement impossible à la nicotine, cendres, jus et à la moindre parcelle de tabac de venir à la bouche.

La fumée se condensant dans les filtre et recipient arrive froide et pure à la bouche, ne contient aucune matière nuisible à nos organes, et a une saveur exquise de délicieux arôme.

Son usage évite, sur six pipes fumées, l'absorption de deux grammes de matière vénéneuse.

Le foyer, tout écume, concentre la chaleur intense de la combustion du tabac et l'empêche de remonter au tuyau, ce qui est d'une grande importance au point de vue de l'hygiène.

Extraordinairement douce à fumer, imbouchable, TRÈS SOLIDE, de forme sérieuse et riche, elle est très commode à la bouche pour écrire, jouer, etc., et son usage est d'une grande simplicité.

En racine de BRUYÈRE Corso, extra.

Foyer garni en ÉCUME sublime véritable et taillée.

Bout AMBRE véritable.

Prix : 10 francs

Envoi franco contre mandat-poste, à Henri SIMON, à Cambrai

www.ingramcontent.com/pod-product-compliance
Lightning Source LLC
Chambersburg PA
CBHW050018100426
42739CB00011B/2694